KB075904

밀어도 괜찮다
죽지 마라고

자신감, 신뢰, 호감을 얻는 말과 태도의 기술 40가지

눈치 보지 않고 말하고 싶습니다

ⓒ 최다희 2024

인쇄일 2024년 8월 7일
발행일 2024년 8월 14일

지은이 최다희
펴낸이 유경민 노종한
책임편집 정현석
기획편집 유노북스 이현정 조혜진 권혜지 정현석 **유노라이프** 권순범 구혜진 **유노책주** 김세민 이지윤
기획마케팅 1팀 우현권 이상운 **2팀** 이선영 김승혜 최예은
디자인 남다희 홍진기 허정수
기획관리 차은영
펴낸곳 유노콘텐츠그룹 주식회사
법인등록번호 110111-8138128
주소 서울시 마포구 월드컵로20길 5, 4층
전화 02-323-7763 **팩스** 02-323-7764 **이메일** info@uknowbooks.com

ISBN 979-11-7183-041-1(03190)

자신감, 신뢰, 호감을 얻는 말과 태도의 기술 40가지

눈치 보지 않고 말하고 싶습니다

최다희 지음

SINCE 2014

유노
북스

인생이 새로워지는
말하기 수업

"선생님, 저 '호구' 같은 목소리를 바꾸고 싶어요."

A 님은 고민이 많았습니다. 30대 중반을 넘어서며 회사에서 연차가 쌓이고 직급도 높아졌지만, 너무 어리기만 한 말투 때문에 존중받지 못하는 것 같은 느낌이 들었습니다. 사적인 인간관계에서도 툭하면 을이 되는 것 같아 고민이 많았다는 A 님. 늘 위축되어 있다 보니 머릿속에 하고 싶은 말은 많은데, 중요한 순간에는 말이 잘 나오지 않고 눈치만 보며 대화를 마친 적이 많으셨죠. A 님은 만만하지 않은 사람으로 새롭게 거듭나고 싶다며 연락을 주셨습니다.

동기가 뚜렷하고 비전이 확실한 만큼 A 님의 성장은 꽤 순조로웠습니다. 어리게 느껴지는 녹소리가 깊이 있는 목소리로, 과하게 둥글고 말랑했던 어투가 신뢰 가는 어투로 바뀌었죠. 처음에는 새로운 말투가 내 것 같지 않고 어색했지만, 사소한 부분에서부터 훈련하며 차차 적응하다 보니 어느덧 새 말투와 새 목소리를 내는 게 어렵지 않았습니다.

지금 A 님은 본인과 비슷한 고민을 가진 이들을 위한 심리 유튜브를 아주 성공적으로 운영하고 있습니다. 인간관계에서 휘둘리지 않는 법, 나를 늘 힘들게 하는 사람에 대적하는 법 등을 콘텐츠로 다루는데, 만만하지 않고 힘이 실린 어투로 단호하게 내용을 전달합니다. 그래서 올리는 콘텐츠마다 조회수 몇만 회를 기록하고 있답니다. 목소리와 말투의 변화가 인생의 새로운 막을 연 것입니다.

저는 2016년 부산에서 공채 라디오 DJ로 선발되어 커리어를 시작했습니다. 제 이름을 딴 라디오 방송들을 2,000회 넘게 진행하며 말하기와 목소리에 저만의 노하우를 쌓았고, 2020년부터는 본격적으로 보이스 트레이닝과 스피치 컨설팅 일을 시작했습니다. 제가 학원에 출강하거나 직접 학생을 모집하기도 하고, 제 유튜브를 보고 찾아오시는 분들도 있었죠. 그렇게

500여 명의 학생을 만나며 저는 깨달았습니다.

'말하기는 결국 마음에 달려 있구나.'

말투나 목소리, 말하는 방식은 우리의 감정, 성격, 내면, 무의식, 즉 마음에서 비롯되는 것이었습니다. 예를 들어 과하게 톤을 높여 친절하게 말하느라 목이 다 상해 버린 B 님은 남들로부터 호감을 얻어야만 한다는 압박이 있었습니다. 수십 년 경력자인 요가원 원장이면서도 말하기에 자신이 없어 요가 지도에도 확신을 잃었던 C 님은 늘 남의 눈치를 보고 있었죠.

저는 다양한 수강생을 만나며 말하기를 바꾸기 위해서는 마음 깊은 곳에 대한 이해가 필요하고, 그 이해로부터 변화가 차곡차곡 쌓인다는 것을 알게 되었습니다. 저 역시 우울과 불안으로 쉽지 않은 20대를 보냈지만, 심리 상담을 꾸준히 받으며 콤플렉스와 상처를 다스리려 노력했습니다. 그때 읽은 심리학 서적만 수십 권에 달하는 것 같아요. 학부에서는 심리학과 사회학을 전공하기도 했죠. 이렇게 저를 꾸준히 들여다본 덕에 다른 사람들의 상처나 마음의 그늘진 구석을 감지하는 센서가 발달할 수 있었던 것 같아요. 그렇게 말하기의 뿌리에 해당하는 마음을 함께 들여다보고, 거기에서 단서를 찾아 목소리의 변화를 슬어냈습니다.

 조금만 노력해도 이렇게 달라질 수 있는데, 우리는 왜 이렇게 말하기가 늘 어려운 걸까요? 답은 '눈치 보는 마음'에 있습니다. 과도하게 눈치 보는 마음은 결국 미움받는 것이 두렵고, 타인에게 사랑을 획득해야 한다는 가련한 마음에서 시작됩니다. 어린 시절부터 형성된 이런 마음이 타인에게 말 붙이는 걸 망설이게 하고, 많은 사람 앞에서 말하는 나를 얼어붙게 하고, 목소리를 자꾸만 작고 힘없게 만드는 겁니다. 앞으로 자세히 설명해 드릴 개념 중 하나인 '말하기 코어'가 무너진 거죠.
 몸의 코어가 무너지면 어떻게 되나요? 자세가 엉망이 되고, 두통이 오고, 허리 디스크까지 생기죠. 말하기 코어가 무너져도 많은 문제가 생깁니다. 목소리는 작아져 안으로 들어가고, 웅얼거리게 되고, 남에게 잘 들리지 않죠. 한번 위축되면 계속 가속화되어 점점 더 말하는 것이 부담스러워집니다.

 몸에 박인 습관들은 얼핏 바꾸기 어렵게 느껴지기도 하겠죠. 하지만 그렇지 않습니다. 힘을 주고 또렷하게 말할 소박한 용기와 소소한 실천력만 있다면, 하루하루 차차 성장하며 어느새 제법 변화한 나를 만날 수 있어요.

다만 그 용기를 어떻게 내야 할지, 어떤 방식으로 실천해야 할지는 상냥한 가이드가 필요합니다. 용기를 잃지 않도록 지속적인 독려도 필요하고요. 그래서 이 책을 썼습니다. 수강생들을 직접 만나기도 하고, 유튜브를 통해 간접적으로 만나기도 하지만, 더욱 많은 분이 좀 더 쉽고 편안하게 변화를 느끼시면 좋겠다는 마음이었어요.

B 님과 C 님은 어떻게 되었냐고요? 수업을 들으며 B 님은 건강한 발성법과 과하게 애쓰지 않는 톤을 찾았습니다. 자기 목소리를 찾고 나니 한결 편안한 마음으로 에너지를 아껴 가며 일하는 법을 배우게 됐습니다. 웃음 치료 강사로 커리어도 확장했습니다.

C 님은 요가원 원장으로서 더욱 권위 있는 말투로 학생들을 잘 이끌고, 지금은 모 협회 회장직으로 자신감 있게 여러 발표나 진행 일도 잘 해내고 있습니다.

이 책을 덮을 때쯤 여러분은 분명 자신에 대해 한층 더 알게 되고, 여러분의 목소리는 한결 더 탄탄해져 있을 거예요. 그 탄탄한 목소리가 자신감이 되고 밑거름이 되어 여러분이 더욱 자유롭게 자신을 펼쳐 보이고 세상과 만나도록 해 줄 거예요. 정밀 근사하지 않나요? 말히기기 네 발목을 잡는 게 아니라 오히려 나를 훨훨 날게 해 줄 날개가 된다는 것이요.

자, 이제 저와 출발해 볼까요?

· 목차

1장 더 이상 눈치 보지 않는
마음의 기술

말 잘하는 사람들은 나와 먼저 대화합니다

2장 자신 있게 다가가는 태도의 기술

말 잘하는 사람들은 항상 기세가 좋습니다

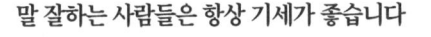

3장 마음을 움직이는 대화의 기술

말 잘 하는 사람들은 끌려다니지 않습니다

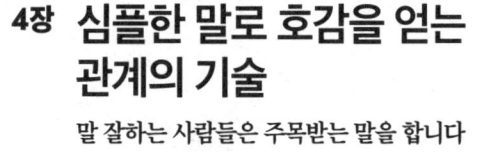

4장 심플한 말로 호감을 얻는 관계의 기술

말 잘하는 사람들은 주목받는 말을 합니다

더 이상
눈치 보지 않는
마음의 기술

말 잘하는 사람들은 나와 먼저 대화합니다

회의 중에 상사가 갑자기 나에게 말을 거는데 당황해 얼어붙고, 여럿이 대화하는 중에 타이밍을 잡지 못해 또 듣는 역할만 하고, 무례한 동료에게 선을 그어야 하는데 말이 나오질 않고… 생각보다 일상에서 흔히 겪는 일들입니다. 왜 우리는 말하기가 어려울까요? 왜 말하기가 즐겁지 않고 과제처럼 느껴질까요? 바로 눈치를 보기 때문입니다. 다른 사람이 나를 어떻게 보느냐가 나를 압도하거든요. 그러므로 자신감 있는 말하기는 우선 '눈치 보지 않기'에서 출발해야 합니다.

1장에서는 우리가 왜 눈치를 많이 보게 되는지 탐구하고, 그 전까지 타인 지향적이었던 중심을 나로 돌리려 합니다. 무너진 '말하기 코어'를 복원하고, 힘을 되찾고, 나를 다시 표현하는 방법을 알아보겠습니다.

당신은 왜
'을'을 자처하나요?

만성 을 증후군 고치기

수업 시간에 재밌는 내용을 듣다 보면 나도 모르게 자연스럽게 상체가 앞으로 쏠리거나, 소개팅에 갔는데 상대방이 마음에 안 들면 어느새 팔짱을 끼고 의자 등받이에 상체를 바짝 붙인 자신을 발견할 때가 있죠. 이처럼 우리 몸은 마음의 영향을 아주 많이 받습니다.

마찬가지로 목소리와 말하기도 그렇습니다. 순간의 감정, 성격, 콤플렉스, 왜곡된 신념, 자아상에 따라 우리 목소리와 말하기는 완전히 달라집니다. 그래서 목소리나 말하기를 진정 바꾸고 싶다면, 우선 '마음'을 먼저 들여다봐야 합니다.

말하는 도중 목소리가 작아지고, 말끝이 흐려지고, 머뭇거리고…. 이런 위축된 자세는 타인을 과하게 의식하는 마음에서 출발합니다. '내가 이런 말을 하면 저 사람은 어떻게 받아들일까?' 하는 생각이 과도해져 결국 긴장과 불안으로 이어지죠. 긴장할수록 말은 더 잘 안 나오고, 그것에 또 당황하고 긴장하고…. 스스로가 아쉽고, 부끄럽고, 자책이 이어지고, 말하기에 부담감과 압박을 자주 느낀다면 이젠 '나는 왜 타인을 과하게 의식하는가'를 생각해 보아야 합니다.

맹수들이 어슬렁대는 열대 우림을 떠올려 보세요. 사냥을 나선 상황이라면 아마 우린 고개를 계속 돌리고, 시선을 사방으로 옮기면서 주변을 살필 거예요. 언제 어디서 뭐가 튀어나와 나를 해칠지 모르니까요.

결국 '두려움'인 겁니다. 일상에서 타인의 눈치를 과하게 보는 건 두려움에 휩싸여 무언가를 열심히 피하려 하는 자세와 같습니다. 상대방이 나에게 부정적으로 반응할 것이 두려운 겁니다. 상대방이 강하게 피드백을 하고, 화를 내거나, 싫어하는 표정을 드러내는 것이 무서운 거죠. 그래서 혹시나 나의 말과 태도가 상대방의 심기를 거스르진 않을지, 그래서 표정이 어두워지지는 않을지 살피게 되는 겁니다.

세상에 부정적인 반응을 좋아할 사람은 없습니다. 하지만 모든 사람이 나를 좋아하고 사랑하는 게 불가능하다는 건 다들 아실 거예요. 몇 명쯤 나를 싫어한다고 해서 세상이 무너지는 것도 아닙니다. 조금만 생각해도 당연한 이치인데, 우리는 타인의 부정적인 반응을 심하게 두려워할 때가 많죠.

저는 그 원인이 우리 내면 깊은 곳에 먼지 쌓인 채 봉인된 '핵심 신념'에 있다고 봅니다. 핵심 신념은 자신과 타인, 세상에 대해 어린 시절부터 오랜 시간에 걸쳐 형성된 신념을 의미합니다. 내면에 깊이 뿌리 내려서 마치 고정불변한 법칙처럼 느껴지는 거죠. 이는 우리 자신에게 정말 큰 영향을 미칠 수밖에 없는데, 안타깝게도 많은 이들이 부정적인 핵심 신념에 사로잡힌 채 살고 있습니다.

입으로 목소리를 내기 전에
마음의 이야기를 먼저 들어 보세요

오랫동안 자신을 돌아보고 상담을 받으며 깨달은 저의 핵심 신념은 '나는 무가치하다'였는데요. 환경, 기질, 경험 등 여러 이유로 저는 있는 그대로의 나는 무가치하므로 '노력하고 애써서 좋은, 무해한, 필요한, 예쁨받을 만한 사람이 되어야 한다'고 믿었던 것 같아요.

다른 이들로부터 받은 인정과 사랑은 일종의 훈장이 되었고, 훈장들을 덕지덕지 붙여 초라한 민낯을 감춘 채 '이런 나는 가치 있다'고 여기며 살아왔던 거죠. 이때 누군가 저를 싫어하거나, 안 좋은 반응을 보이며 흠집을 내면, 공들여 쌓은 탑이 와르르 무너지겠죠. 그렇게 미움받게 되면 저는 제가 더는 가치 있는 사람이 아니라고 느꼈습니다. 못나고 부족한 사람이 되는 거예요.

그래서 저는 누구를 만나든 친절하게 대하고, 그 사람의 기분을 좋게 만들어 주려 노력했습니다. 저를 탐탁지 않게 여기는 사람을 만나기라도 하면 내상이 엄청났죠. 아마 저처럼 늘 애쓰는 분들 역시 마음 안쪽에 비슷한 상처가 있으실 거라 생각해요. 각자 핵심 신념은 조금씩 다를지라도, 주변인들로부터 호감을 얻어야 하고, 비판받으면 안 되고, 좋은 사람이어야 하고⋯. 이런 외부의 평가에 좌우되는 취약한 핵심 신념을 갖고 있다면, 당연히 나의 중심이 나에 있지 않고 외부나 타인으로 옮겨 가게 됩니다.

저는 여기에 '만성 을 증후군'이라는 이름을 붙입니다. 오랫 동안 이어져 온 승상일 테니 '만성'일 테고, 누군가로부터 사랑 과 인정을 받아야 존재의 가치가 생긴다고 믿는다는 점에서 '을'의 지위에 있는 거죠. 과하게 눈치를 보고 비위를 맞추며 내 목소리와 말하기엔 힘이 떨어져 갔을 겁니다.

자신감을 챙기기 위해선 우선 만성 을 증후군을 다뤄야 합 니다. 내면의 문제를 먼저 탐색해야 타인과 세상을 대하는 나 의 태도, 곧 말하기를 수정할 수 있어요. '나는 왜 이럴 때 과하 게 힘들고 긴장하고 두려울까? 무엇이 무서운 걸까? 무엇을 피 하고 싶은 걸까? 미움받는 것, 관심받지 못하고 방치되는 것, 사랑받지 못하는 것, 인정받지 못하는 것, 완전히 혼자가 되는 것, 버림받는 것…. 아, 나는 이것이 무서웠던 거구나…. 그래 서 늘 노력하는구나…' 하고 직접 느껴야 합니다. 그리고 오래 시달린 그 마음을 진심으로 위로하고, 단단히 박인 어긋난 믿 음을 수정해야 하죠. 이런 말을 해 주면서 말이에요.

- '그간 힘들었지, 모두에게 사랑받지 않아도 돼.'
- '저 사람이 나를 싫어할까 봐 너무 무섭지, 그렇지만 그런 일이 일어나도 너는 괜찮아.'

말하기란 우리에게 큰 기쁨을 줄 수 있는 수단인데, 그간 기쁨은커녕 두려움에 시달렸을지 모릅니다. 그런 자신을 미워하면서 또 얼마나 아프셨을까요. 그동안 정말 애 많이 쓰셨어요. 저와 함께, 또 수많은 동지와 함께 천천히 다음 페이지로 넘어가며, 위로의 마음을 심어 놓을게요.

• 복식 호흡을 하며 명상하듯 내 감정에 집중하세요. 내면의 내밀한 곳으로 들어가기가 한층 수월해집니다.

말하기와 관련해 불편한 마음이 들었던 그 순간의 감정에 한 번 집중해 보세요. 천천히 마음의 문을 열고 들어가 어린 시절의 나를 상상해 봅니다. 어린 내가 표정이 어떤지, 자세는 어떤지, 어떤 감정인지 말도 걸어 보고 그 마음을 읽어 주려 노력하고 위로하다 보면 내가 무엇으로 괴롭고 두려웠는지 힌트를 줄 거예요.

💬 **체크 포인트**
노트를 펼쳐서 의식의 흐름대로 글을 써 봐도 좋습니다.

66

내가 보는 나는
어떤 모습인가요?

99

자아상 찾기

남자와 여자가 있습니다. 둘은 소개팅으로 처음 만났고, 남자는 여자를 보자마자 첫눈에 반했죠. 오래 그리던 이상형을 만난 상황. 그런데 매력을 열심히 발산해도 모자랄 상황에 자꾸만 말이 이상하게 나가고, 행동도 어색하기만 합니다. 여자가 붙임성 좋게 먼저 말을 잘 거는데도, 괜시리 "네", "아니오" 하고 단답으로만 말이 나가죠. 표정도 어쩐지 어두워지고요. 그럴수록 마음엔 먹구름이 끼네요. '아, 이번에도 망했다', '난 왜 이 모양이지…' 하는 생각, 아마 한번쯤은 겪어 봤을 상황일 거예요.

연심이든 그저 인간적인 호감이든, 너무 좋은 상대가 나타나서 잘 보이고 싶은데, 마음이 클수록 행동이며 말이며 이상해집니다. 적당한 정도라면 귀여운 수줍음 정도로 볼 수도 있겠지만, 과해지면 한번쯤 '나'를 돌아보라는 사인이 아닐까 해요. 저는 그 실마리를 '자아상'에서 찾을 수 있다고 생각합니다.

자아상이란 '자기 자신에 대한 느낌이나 생각'을 말하는데요. 사람에 따라 긍정적일 수도 있고 부정적일 수도 있죠. 그러니까 '나는 꽤 괜찮은 사람', '나는 재미있는 사람', '나는 호감가는 사람'같이 긍정적인 자아상을 지닌 사람이 있는 반면, '나는 재미없는 사람', '나는 한심한 사람', '나는 찌질한 사람'처럼 자신에게 부정적인 감각만 잔뜩 지닌 사람도 있습니다.

자아상은 내가 어떤 목소리로 어떻게 말하고 타인과 어떻게 소통하는지에 큰 영향을 미칩니다. 예를 들어 '나는 절대 사랑받을 수 없는 사람'이라는 자아상을 갖고 있다면 과연 타인에게 선뜻 마음을 열고 다가갈 수 있을까요? 그렇지 않습니다. '나는 찌질한 사람'이라는 자아상이 내면 깊숙이 강하게 자리잡혀 있는데 마음에 드는 상대방과의 대화에서 자신있게 주도

할 수 있을까요? 오히려 그 상대방이 멋져 보일수록 스스로가 더 하찮게 느껴지면서 녹상하고 우울감이 들지도 모릅니다.

요즘 연애 프로그램이 유행이죠. 저도 즐겨 보는 편인데요. 일반인들이 서로를 처음 만나 데이트하는 걸 보고 있으면, 이런 자아상 때문에 대화나 교류를 어려워하는 분들이 꽤 많이 보입니다. 다른 사람들 앞에서는 자신감도 있고 유머 감각도 보여 주면서 정작 가장 좋아하는 상대 앞에서는 축 처지고 말수가 줄어들고 우울해 보이기까지 하죠. 실제로 인터뷰에서 '내가 너무 한심한 것 같다', '내가 너무 찌질하다'라며 부정적인 자아상을 고백한 분도 있었습니다.

하지만 이런 자아상은 왜곡돼 있을 가능성이 큽니다. 자라 온 환경, 주변으로부터 받은 메시지, 여러 경험에 따라 사람들이 보는 실제 나와는 다른, 편협하고 부정적인 자아상이 자리 잡히는 거죠. '나는 한심한 사람이야', '나는 사랑받을 자격이 없는 사람이야', '나는 바보 같아', '나는 못생겼어'처럼요. 이렇게 자아상이 왜곡되면 자존감도 낮아지고, 원만하게 관계를 맺는 게 어려워지고, 자신을 해하려 하는 등 여러 부작용이 생길 수 있어요. 우리는 자신의 자아상이 어떤지, 수정이 필요하지는 않은지 살펴볼 필요가 있습니다.

눈치 보는 나를 마주하고
왜곡된 자아상을 고쳐 보세요

나에 대한 무의식적인 감각까지 함께 살펴봐야 하므로, 눈을 감고 명상하듯 깊게 생각해 보시는 것을 추천해드려요. 어릴 적 기억 중 좋지 않은 경험으로 남은 일들을 떠올리다 보면 힌트를 얻기 쉬울 수도 있어요.

저는 초등학생 때 몸이 아파서 학교를 안 나간 적이 있는데요. 많은 게 겹쳤는지 아프고 서럽고 외로웠던 것 같아요. 당시 엄마는 안방에 누워만 계셨고, 저는 힘든 마음을 위로받지 못하고 냉장고에 기대 쭈그려 앉아 있었습니다. 엄마는 제가 얼마나 아프고 외로움을 느끼는지 모르셨겠죠. 엄마도 사는 게 힘들어 저를 케어할 여유가 없었을 수도 있고요. 그때 느꼈던 푸르스름한 외로움과 고독이 제 마음에도 깊게 남아 있더라고요. 막연히 '나는 혼자'라는 생각, 사랑받지 못할 거라는 왜곡된 자아상의 흔적이 느껴지더군요.

이렇게 알아차린 후 저는 그 어린 시절의 장면에 제가 사랑하는 사람들을 잔뜩 소환했습니다. 저를 껴안아 주고, 위로해 주고, 쓰다듬어 주면서 "다희야, 넌 혼자가 아니야", "너를 사랑하는 사람이 이렇게 많아", "사랑해"라고 열심히 말해 주었습니다. 아직도 노력 중이고요. 여러분도 자아상을 떠올려 보고, 최선을 다해 위로해 주고 사랑해 주면서 건강한 쪽으로 수정해 보시길 바랍니다.

- 위로하는 나를 내면에 만들어 보세요.
- 내가 받고 싶었던 사랑, 안정, 환대, 호감을 전적으로 퍼부어 주는 겁니다.

각자 자아상을 떠올리며 최선을 다해 위로해 주는 거예요. 만약 '버림받을 거야'라는 자아상이 자리 잡혀 있다면, 그래서 버림받을까 봐 오들오들 떨고 있는 아이가 내면에 있다면 오랜 세월이 흘러도 곁에 있는 사람들의 얼굴을 떠올리며 '거 봐, 늘 버림받는 건 아니잖아'라고 토닥여 주고, '사람들은 다 나를 싫어할 거야'라는 자아상이 있다면 나를 좋아하는 사람들의 모습을 떠올려줍니다. 내가 받고 싶었던 사랑, 안정, 환대, 호감을 전적으로 퍼부어 주세요.

나아가 자아상과 함께 말할 수 있는 개념은 '세계관'입니다. 세상에 대한 지적인 생각보다 더 깊이 들어가는 개념으로, 내가 본질적으로 세상을 어떻게 받아들이고 있는지에 대한 개념이죠. '세상은 위험하다'는 세계관이 있다면 거침없이 도전하며 삶을 살기가 어렵겠죠. 자아상을 살피면서 동시에 나는 세상을 어떻게 느끼고 있는지도 한번 떠올려 보세요. 그리고 세계관 역시 합리적이고 건강하게 수정해 줍니다.

저의 경우 자아상과 세계관을 알아차리고 나니 조각났던 퍼즐이 맞춰지는 느낌이었습니다. 왜 SNS에 글을 올리는 게 어려웠는지, 유튜브를 정성껏 만들어 놓고도 댓글 확인을 피했는지, 사람들이 모여서 이야기하고 있으면 나에 대한 안 좋은 얘길 하는 것 같았는지 알겠더라고요. 환영받지 못할 것이라는 신념이 있었으니까요. 지금은 한결 가볍게 사람들에게 다가가고, 저를 자신 있게 드러내 보이고 있습니다. 여러분도 자신감을 회복하기 위해 우선 '나'를 알아가 보길 바랍니다.

 체크 포인트
자아상을 찾았다면, 따뜻한 위로의 말을 건네주세요.

과장을 덜고
담백함으로 승부하세요

분위기 만들기

라디오 DJ로 일할 때 타 방송국에서 1년 6개월 정도 방송 작가 일을 한 적이 있습니다. 당시 제가 맡았던 업무는 스토리가 좋은 분을 찾아 수소문해 연락하고, 직접 설득해 섭외하고, 촬영 구성을 짜고, 편집본을 보며 아나운서와 리포터가 읽을 최종 대본까지 쓰는 것이었어요. 쉬운 일이 하나 없었죠.

여러 어려움이 있었지만, 무엇보다 방송 작가 일을 하며 가장 힘들었던 건 역시 '섭외'였습니다. 맨땅에 헤딩하듯 연락을 돌리며 출연자를 찾아내고 방송 촬영까지 성사시키는 게 너무 어려웠거든요. 첫 섭외 전화를 하고 나면 진이 다 빠졌습니다. 방송 프로그램도 소개해야 하고 출연을 해 달라고 '부탁'하는 과정이 만만치 않았거든요.

"이장님, 어떻게 이런 일을 한 번에 다 하세요? 진짜 대단하신 거 같아요. 방송으로 담으면 너무 멋질 것 같아요!"

환심을 사려 목소리도 톤이 한껏 올라가고 웃음기가 잔뜩 묻어났죠. 통화 한번 할 때마다 너무 지쳐서 '와…. 작가 일은 너무 힘들구나' 하고 늘 생각했어요.

그런데 어느 날 선배 작가분이 섭외하는 걸 우연히 들었는데 정말 담백함 그 자체인 거예요. "여긴 어디 방송국이고요. 저는 무슨 프로그램 작가인데요. 뭐 하시는 모습을 몇 분짜리 영상에 담고 싶은데, 출연 의사가 있으실까요? 보통 하루 반 정도 촬영이 이뤄지고요" 이런 식으로 통화 목적과 기획 의도, 기본 안내 정도를 깔끔하게 전달하고 있더라고요.

그때 확실히 느꼈습니다. 저는 일할 때마저도 과하게 상냥하려 애쓰고 있다는 것을요. 담백하게 정보를 전달하고 취지를 소개하면 될 것을, 과하게 웃고, 칭찬해드리려 하고, 아주 다정하게 (어트신들에센) 애교까지 섞어 대하고 있었어요.

　과한 상냥함…. 저만의 이야기는 아닐 텐데요. 수업으로 만나는 수강생분들 중에도 '과하게 상냥해지는 태도'를 고민하는 분들이 많습니다. 동료를 대하거나 업무 통화를 할 때, 민원인을 상대할 때처럼 공적인 순간은 물론, 가게에 가서 물건을 사거나 낯선 사람에게 인사할 때도 과하게 상냥해지려는 습관을 고치고 싶어 하시죠.

　물론 '상냥함'이란 훌륭한 미덕입니다. 다정한 태도로 타인을 대하는 건 아주 중요하죠. 하지만 이게 과해지면 '을'을 자처하는 꼴이 됩니다. 적당한 친절함과 만만해 보이는 상냥함은 한 끗 차이인데, 자칫 잘못하면 중심이 타인에게 쏠리게 되고, 이런 나를 상대가 만만하게 생각할 수 있어요. 나도 모르게 갑을 관계가 형성되는 거죠.

　그러므로 과한 상냥함을 덜어 낼 필요가 있습니다. 먼저 마음가짐부터 고쳐야 해요. 일로 만난 사이면 서로 호감을 주고받는 것보다 쌍방 목적을 달성하는 것이 더 중요한 겁니다. 작가 일을 했던 저의 경험을 떠올려 보자면, 작가로서 저의 목적은 출연진을 무사히 섭외하는 것이고, 출연진분은 출연하면 이점이 있기에 출연을 결정하게 될 겁니다. 저도 출연진도 각자의 목적과 이해관계에 따라 행동한다는 거죠. 제가 애쓰지 않아도 결국에는 본인의 목적에 맞으면 출연하고, 상냥하게 대해도 목적에 맞지 않으면 출연을 고사하겠죠. 굳이 아등바등 노력할 필요는 없다는 겁니다.

과도한 상냥함에서
진중한 젠틀함으로

어쩌면 평소에 과하게 상냥하려 노력하는 분들은 내면에 '미움받을까 두려운 마음'이 있는 걸 수도 있어요. 나를 싫어하진 않을까 노심초사 걱정하니 타인을 과도하게 살피고, 환심을 사려고 애쓰고 노력하죠.

- 우선 내면의 이런 두려움을 인정하고 알아주는 것부터 시작해 봅시다.
- 웃음기 가득 머금으려는 얼굴 근육을 자연스럽게 펴 주세요. 예쁨받을 필요 없습니다. 내 능력으로 인정을 받으면

되는 거예요.

- 굳이 웃고, 더 말투를 부드럽게 할 필요 없어요.

그래서 저는 상냥함 대신 '젠틀함'을 제안합니다. 타인에 대한 기본적인 존중에 약간의 친절을 더하면 젠틀한 태도가 만들어집니다. '젠틀맨' 하면 어떤 이미지가 떠오르나요? 유능한 이미지도 함께 따라오지요. 반면 '상냥한 여성'을 떠올리면 착하고 다정하고 따뜻하지만, 업무적으로 유능한 느낌은 받기 어렵습니다. 바로 이 분위기를 좇으면 됩니다. 구체적으로는 아래 세 가지를 신경 써 보세요.

- 표정
- 자세
- 제스처

먼저 표정입니다. 습관적으로 더 웃으려는 눈을 편하게 두고, 입도 일부러 웃지 말고 그냥 적당한 미소 정도로만 자연스럽게 있는 겁니다. 평소 상냥한 태도가 익숙한 분들은 이런 무표정에 가까운 표정을 어색해하기도 하는데, 그것이 자연스러운 표정입니다.

그다음은 자세와 제스처입니다. 일명 '파워 포즈'라는 게 있죠. 힘을 더 내게 해 주는 자세인데요. 어깨는 쫙 펴고 보폭은 넓게, 제스처도 시원시원하게 크게 하는 파워 포즈가 실제로 호르몬의 변화를 일으켜 더 당당한 나를 되찾게 한다는 설도 있죠. 실제 호르몬 변화를 만드느냐에 관해서는 논란이 존재하긴 하지만, 자세와 제스처가 한 사람의 인상을 결정한다는 의견엔 아마 어렵지 않게 동의하실 겁니다. 쉽게 굽신거리지 말고 허리를 꼿꼿하게 펴고 손끝까지 힘을 주어 제스처도 확실하게 취하도록 합니다.

마지막으로 억양도 중요합니다. 자연스러운 내 목소리를 찾는 법에 더해 억양 교정도 필요한데요. 끝을 과도하게 밴딩으로 올리거나, 꿀렁임을 많이 주는 대신 될 수 있는 대로 일자 억양으로 평평하고 자연스럽게 말하는 게 필요해요. 방송국 아나운서들의 멘트를 따라 해 보는 것도 도움이 될 거예요.

젠틀맨의 말투, 자세, 이미지 등을 떠올리며 따라 해 보세요. 상냥한 태도일 때보다 더 많은 인정을 받게 되실 겁니다. 담백한 태도에 어쩌면 신뢰와 호감 또한 더 받을지도 모릅니다.

💬 **체크 포인트**

영화 〈킹스맨〉의 신사 이미지를 떠올려 보세요.

66

진솔할 수 있는 용기, 환대받으리라는 믿음

99

자기 개방

평소에 좋아하는 유튜버가 있습니다. 밝은 성격에 노래도 잘하고 춤도 잘 추고 끼가 많은 아주 다재다능한 분이라 올리는 콘텐츠 역시 노래하고 춤추는 영상들이 많았죠. 그런데 어느 날 비교적 어두운 영상이 하나 올라왔습니다. 늘 밝아 보였던 그는 사실 오랫동안 우울감이 커 감정적으로 힘들었다는 고백을 했는데요. 평소 이미지와는 상반되는 내용이라 영상 첫머리에 "기대했던 모습과 달라 마음이 안 좋아진다면 미리 죄송합니다"라고 말할 정도였습니다.

많은 구독자가 처음에는 조금 놀랐을 거예요. 밝은 에너지를 기대했다가 뒤로 가기를 누른 사람도 있었겠죠. 그런데 댓글 창엔 '위로를 받았다', '응원한다', '나도 우울증이 있다' 등 그를 위로하고 응원하는 댓글이 가득했습니다. 저 또한 우울했던 시기였기에 공감을 하며 오히려 큰 위로를 받았고요. 그의 인간적인 모습을 보니 더욱 응원하게 되었습니다. '종종 어둡고 슬픈 노래를 커버할 때 감성이 깊게 와닿았던 이유가 이거구나, 힘들었을 텐데도 그렇게 밝은 노래로 많은 사람을 기쁘게 해 주었구나' 하고 팬심이 더 깊어졌고요.

우리는 종종 속내를 드러내는 것을 두려워하죠. 특히 취약하고 불안정한 모습을 보이면 안 된다고 생각합니다. 깊은 상처와 우울감을 보이면 남들이 나를 안 좋게 볼 것 같고, 이게 약점이 되어 나를 괴롭히진 않을까 걱정하죠. 안 좋은 이야기로 타인에게 부정적인 감정이 전염될까 염려되기도 하고요.

더군다나 자신감이 부족할 때에는 내 이야기를 하는 것이 더더욱 어려워집니다. '내 이야기를 누가 궁금해할까?', '내가 힘들다고 하면 나를 더 못나게 보진 않을까?' 같은 생각이 나를 주춤하게 하죠. 그렇게 나의 힘듦을 오로지 혼자 감당하며 끙끙 않습니다.

물론 때와 상소를 가리지 않고 속내를 드러내는 건 현명하지 않습니다. 특히 직장 등 공적인 관계의 사람들에게는 더욱 주의할 필요가 있겠죠. 하지만 그렇다고 나를 늘 닫고 있어야만 하는 건 아닙니다. 믿을 만한 사람들에게는 나의 모습을 있는 그대로 꺼내는 게 나에게도, 관계에도 좋을 수 있거든요.

심리학의 '자기 개방'은 '다른 사람에게 자기 자신에 관한 정보를 알려 주는 과정 또는 행동'을 뜻합니다. 말 그대로 나의 내밀한 이야기를 꺼내거나 솔직한 감정을 드러내면서 나 자신을 타인에게 활짝 열어젖혀 개방하는 거죠. 여러 연구에 따르면 이 자기 개방은 자신의 정서를 억압되지 않게 함으로써 불안이나 긴장을 해소하고 스트레스를 감소시켜 준다고도 합니다. 나아가 다른 사람이 자신을 이해하는 데에 도움을 주기 때문에 의사소통을 더 수월하게 만들고 친밀한 관계로 나아가도록 돕기까지 하죠.

그렇기에 우리는 때로 진솔할 용기를 내어 나를 드러낼 줄 알아야 합니다. 글 앞부분에서 소개한 유튜버가 자신의 취약함을 드러내어 오히려 더 큰 응원과 격려를 받은 것처럼 처음엔 걱정이 될지라도 결과는 생각보다 좋을 수 있답니다.

이때 진솔할 용기를 내려면 환대받을 수 있다는 믿음을 꼭 가져야 합니다. 기대와 다른 타인의 반응 때문에 상처받고 위축된 경험이 있다면 아마 나는 환대받을 수 없다고 마음 깊은 곳에서 생각할지도 몰라요. 하지만 과거에 그런 경험과 현재와 미래는 분리되어 있으니까요. 용기를 내서 내 마음을 꺼내보아야 해요.

진짜 내 모습을 공유하고
건강한 관계로 거듭나세요

저 또한 속내를 터놓는 것이 힘든 편이었는데요. 몇 년 전 당시 심리 상담 선생님으로부터 가까운 사이에는 속내를 말해보라는 조언을 듣고 용기를 내 본 적 있어요. 친밀한 친구이자 같이 일하는 동료가 저에게 업무적으로 조심스럽게 피드백을 주었는데, 부정적 반응에 민감한 저 혼자서 상처를 좀 받은 적이 있었거든요. 동료는 그저 특정한 부분에 관해서 다음엔 다르게 시도해 보라는 정도였는데, 제가 예민하게 '내 작업이 그렇게 별로였나? 내가 그렇게 유능하지 못한가?'라고 확대 해석을 했었죠. 그 마음을 이번엔 솔직하게 털어놔야겠다는 생각이 들었어요.

고압세노 성성이 부느럽고 다성한 그 농료는 제 이야기를 잘 들어주고 수용해 주었고, 저도 좀 더 자세한 설명을 듣고 오해를 풀 수 있었어요. 이렇게 터놓고 말하니 훨씬 더 가까워진 기분이고, 제 마음에도 그간 쌓였던 감정이 해소되는 느낌이었죠. 제가 취약한 모습을 먼저 드러내니 그 친구도 저에게 더 많은 걸 터놓을 수 있게 되었고요. 이 경험을 밑거름 삼아 저는 그 후로는 마음에 뭔가 생기면 솔직하고 부드럽게 터놓으려 노력하고 있습니다.

일본 심리상담가 도하타 가이토는 《왜 사람들은 내 말을 안 들을까?》에서 우리가 타인의 이야기를 진정으로 경청하기 위해선 먼저 경청받는 경험이 필요하다고 말합니다.

"결국, 유령이 수그러드는 건 상처 입은 마음을 누가 알아줄 때뿐입니다. 내게도 복잡한 사정이 있었다는 것, 본인 나름대로 절실했다는 것, 그런 마음을 누군가 알아주고, 괴로운 마음을 의탁하면 우리 마음에는 공간이 생겨납니다. 거기에 복잡한 나의 쉴 곳이 생기고, 타자의 복잡한 모습을 수용할 수 있게 됩니다."

타인에게 수용과 이해를 받음으로써 마음의 구겨진 부분이 펴지고, 그 반듯한 마음으로 다른 이도 잘 받아들일 수 있다는 의미입니다.

- 내가 자기 개방을 하지 않으면 타인이 내 말을 경청할 일도, 그럼으로써 상처가 위로받는 파워풀한 경험도 하지 못합니다.
- 결국 진솔할 용기를 내는 것에서 시작합니다.
- 환대받을 수 있다는 믿음을 회복하고, 진솔할 용기를 꺼내는 것이 나에게 큰 치유로 돌아올 겁니다.

💬 **체크 포인트**
깊은 이야기를 하는 것이 힘들다면, 조그만 이야기부터 시작해 보세요.

66

긍정은 항상
불안을 이기기 마련

99

긍정 마인드셋

발표를 앞두고 불안감을 크게 느끼는 분들이 많습니다. 저에게 수업 의뢰를 하는 분 중에도 '발표 불안'이 가장 큰 고민인 분들이 많은데요. 이 불안을 다스리기 위해서는 '긍정 마인드셋'이 필요하다고 말씀드리고 싶어요.

먼저 신체 반응을 새롭게 보라고 말씀드리고 싶습니다. 어릴 적 소풍 가기 전 날이나 첫사랑과 처음으로 손을 잡던 때를 떠올려 볼까요? 설레서 가슴이 두근두근했던 기억이 날 거예요. 이럴 때의 두근거림과 발표를 앞두고 느끼는 두근거림은 사실 신체적 반응이 유사합니다. 흥분하거나 집중이 더 필요한 순간에 생겨나는 자연스러운 신체 반응이죠.

그러니 우선 가슴이 두근거린다고 해서 '아, 또 떨려. 망했다'고 생각하지 않아야 합니다. 떨림에는 당연히 불안의 지분도 있겠지만, 그중에 새로운 도전과 경험, 주목을 받는 것에 대한 '설렘'이 있을지도 몰라요. 저도 긴장될 때마다 '내가 또 조금 설레는구나!' 이렇게 생각하려고 노력한답니다. 신체 반응에 압도되지 말고 좋은 쪽으로 해석하려 노력해 보세요.

한 번의 실수로
모든 게 망가지는 것은 아니에요

발표 불안이 큰 분들은 대체로 '발표 망하면 큰일 나는데…', '실수하면 나를 다 멍청이로 보겠지…', '이번에도 또 망쳐 버리겠지…' 같은 불안에 휩싸이곤 합니다. 모두 마냥 합리적이진 않은 생각들이죠. 하나씩 반박하자면, 중요한 발표를 망치면 물론 좋은 일은 아니지만, 그렇다고 인생이 끝나고 완전히 다 망해 버리진 않습니다. 조금 실수한다고 해서 내가 그간 쌓아 온 모든 평판이 다 깎이지도 않고, 과거에 망쳤던 경험이 있다고 해서 꼭 이번에도 망치란 법은 없죠. 하지만 우리는 때때로 이렇게 합리성을 잃습니다.

이를 심리학에서는 '인지 왜곡'이라고 합니다. 미국의 정신과 의사 데이비드 번즈 교수에 따르면 인지 왜곡이란 현실을 잘못 인식하게 만드는 사고를 뜻합니다. 한 끼 정도 과식했다고 다이어트가 완전히 망했다고 생각하는 '이분법적 사고', 몇 번의 안 좋은 경험으로 사람들은 다 악하다고 생각해 버리는 '과잉 일반화', 증거가 없는 상황에서도 미리 부정적으로 결론을 내 버리는 '예단', 극단적으로 생각해 버리는 '극단화' 등 인지 왜곡에는 종류도 다양한데요. 저는 우리가 발표를 두려워하는 것에도 이 인지 왜곡이 큰 역할을 하고 있다고 생각합니다. 발표가 망할 것 같고, 나는 또 실수해서 비웃음을 살 것만 같고, 작은 틀어짐이 파국으로 이어질 것만 같죠. 이런 생각이 들 때마다 스스로 반박해 주어야 합니다.

- '발표가 완벽하진 않고 조금 실수가 있더라도 망하지는 않을 거야.'
- '지금까지 잘해 냈던 적도 많았으니 이번에도 제법 괜찮을 거야.', '다른 사람이 발표 망했을 때 기억도 잘 안 나잖아.'

- 구체적이고, 현실적이고, 객관적인 변호사가 내면에 있다고 생각해 보세요.

물론 새로운 시각을 갖는 게 쉽진 않습니다. 산에 새로운 오솔길을 낸다는 생각으로 꼭 발표 전 마인드셋을 다잡는 시간을 가져 보세요. 반복되면 조금씩 관성적 생각에서 벗어날 수 있어요.

💬 **체크 포인트**
긍정 마인드셋은 실수도 경험으로 바꾸어 주곤 해요.

말하기에도 중요한
코어 근육

말하기 코어 잡기

지금까지 을을 자처하며 살아왔다는 것을 깨달았다면, 이제 다시 내 삶의 주도권을 되찾을 때입니다. 삶이라는 배를 운항하다 어느 순간 놓친 키를 다시 단단하게 쥐는 거죠. 여기서 '말하기 코어'가 필요합니다. 말하기 코어란 제가 지은 이름인데요. 말하기에 단단한 기반이 되는 요소를 뜻합니다. 재밌게도 실제로 우리 몸의 코어로 불리는 부위와도 관련이 있어요.

타인의 눈치를 이리저리 살피며 지내다 보면 소리가 기어들어 가고, 떨리기도 하고, 끝을 잘 못 맺죠. 그러면 꼭 거기다 대고 "크게 좀 말해!", "웅얼거리지 좀 마!" 하면서 우리에게 못을 한 번 더 박는 사람들이 있습니다. 우리는 또 상처를 크게 받고 말을 꺼낼 용기는 저 뒤안길로 사라져 버리죠. 안 그래도 스스로 힘든데, 더 힘들어집니다.

자, 이젠 이 악순환의 고리부터 끊어 내도록 하겠습니다. 지금부터는 아랫배에 힘을 주면서 말을 하는 거예요. 제가 말한 말하기 코어가 바로 이거예요. 쉽게 말하면 '아랫배에 힘주고 말하기'입니다.

위축된 말하기는 대체로 힘이 없습니다. 발성 에너지가 부족해 소리만 겨우 나는 정도죠. 입안에서 조용히 맴돌거나, 긴장 때문에 톤이 높아져 코 쪽에서 소리가 뭉친 채로 날 때도 있습니다. 힘이 안 느껴지는 소리죠. 지금까지 힘없이 말하던 방식을 이젠 바꾸어야 합니다. 단순히 볼륨을 키우는 작업이 아니에요. 에너지를 죽인 채 조용히 지내던 쪽에서 발산하는 쪽으로 방향을 아예 바꾸는 거예요. 내 기운과 에너지를 적극적으로 표현하는 겁니다. "여기 내가 있다!"라며 확실하게 전하는 거예요. 탄탄한 목소리로요.

- 누군가 하복부를 가격했다고 상상해 보세요.
- "윽!" 하고 묵직한 소리가 나는 부분을 찾고, 말랑한 작은 공을 손으로 쥐어짜듯, 단전을 쥐어짜는 거예요. 명치 쪽을 답답하게 조이는 게 아니라, 하복부만 조이면서요.
- 이때 괄약근을 조이면 더 쉽게 느낌을 얻을 수 있습니다.
- 마치 에어로빅을 하듯 선 상태로 아랫배를 굽히며, 굽힐 때마다 소리를 내면 한결 쉽게 발성점을 찾을 수 있어요.
- 팬티 라인, 벨트가 들어가는 부위까지 생각보다 더 아래인 지점을 공략해야 제대로 힘을 받을 수 있어요.

단전을 수축할 때, 그러니까 아랫배가 등에 붙듯 홀쭉하게 들어갈 때 바로 그 힘으로 깊이 있는 소리가 나올 수 있습니다. 마치 바리톤 성악가가 된 것처럼 이미지 트레이닝을 하며 꽤 깊은 소리가 나게 "홉!" 하고 반복해서 외쳐 보세요. 그다음으로는 아랫배에 계속 힘을 준 채로 45도 정도 상체를 숙여 볼게요. 다시 한번 반복해서 외쳐 보세요. '아마 소리가 좀 더 깊어졌는데?' 싶을 수 있습니다.

처음에는 복압 포인트를 찾는 게 어려울 수 있습니다. 잘 안 된다면 배 근력이 부족한 걸 수도 있죠. 제 학생분들 중에도 하복근 운동을 하면서 비로소 발성이 좋아지는 경우도 많았습니다. 필라테스, 요가 강사처럼 근력이 발달한 분들이 확실히 금방 복압 포인트를 찾고요. 그러니 하복근 운동, 코어 운동을 병행하며 아랫배를 쥐어짜는 시도를 다채롭게 해 보세요. 얼마 안 가 분명 찾아내실 겁니다. 목이 아프다면 중단하시고 아랫배를 눌러 붙이듯 하복부에 더 집중해 보세요.

처음 만난 사람에게
새로운 모습을 보여 주세요

오랫동안 잃어버렸던 말하기 코어를 되찾았다면, 이제부터가 본 게임입니다. 정말 중요한 것은 이 말하기 코어를 일상에 써먹는 겁니다. 바로 '일상화 훈련'인데요. 집에서 힘주고 낭독하는 것만으로는 훈련 효과가 크진 않아요. 대화는 누군가와 소통하는 것이기 때문에 다른 사람을 대상으로 실습하는 게 가장 중요합니다.

앞으로는 카페나 식당에 들를 때마다 미션이 주어졌다고 생각해 보세요. "흡!" 하며 힘주던 단전 복압 포인트에 힘을 딱 주고서는 "아메리카노 한 잔이요", "참치 김밥 한 줄 포장이요"라고 말을 힘 있게 보내는 거예요.

배에 힘을 준 채로 타인에게 말을 건네는 것은 힘 하나도 없이 말을 뱉는 거랑은 차원이 다릅니다. 힘 있는 말하기란 내 에너지를 적극적으로 타인에게 전달하는 것이니까요. 훨씬 적극적인 자세로 자신 있는 나를 연출하지 않으면 불가능해요. 그래서 처음엔 그런 내가 조금 낯설고 어색할 수도 있어요. 하지만 어차피 낯선 사람인데 뭐 어떤가요. 뻔뻔하게 한번 질러 보세요. 긴장을 극복하는 순간 향상이 일어납니다.

아마 일상에서 실천해 보면 말투도 그렇고, 평소와 다른 내가 이상해 보이지 않을까 걱정이 될 수도 있어요. 하지만 절대 그렇지 않습니다. 상대방 입장에서 여러분은 처음 봤거나 잘 모르는 사람일 뿐입니다. 아무런 판단을 하지 않습니다. 새로운 자신을 마음껏 내놓으면 됩니다.

- 주문할 때뿐만 아니라 인사할 때도 힘을 줘 보세요.
- 휴대폰을 내 쪽에 두고 잠깐 녹음해 보세요. 녹음하면 더 긴장돼서 훈련 효과가 좋아집니다.
- 어떻게 말했는지 확인하는 것도 피드백에 도움이 됩니다.

일상화 훈련을 하실 때, 나의 감정이 어떤지도 한번 유심히 지켜봐 주세요. 말하기 전과 후의 마음이 어떤지 잘 살펴보면 아마 재미난 변화를 느끼실 겁니다. 타인에게 내 말을 정확히 꽂으면 자신감이 생기게 마련입니다. 스마트폰에 일기 애플리케이션을 깔아서 말하기 훈련 일지를 써 보는 것도 추천합니다. 단 몇십 초여도 기록에 남으면 뿌듯해지니까요.

⚫ 체크 포인트

먹잇감에 굶주린 하이에나처럼, 한마디 말 걸 수 있는 낯선 사람을 찾아 보세요.

66

속을 드러내지 않으면
아무도 알아주지 않아요

99

표현하기

겸양의 미덕을 높이 쳐주는 우리 사회에서 자신의 의사나 욕구를 적극적으로 드러내는 건 쉽지 않습니다. 내 의견을 너무 드러내면 남들이 안 좋게 볼까 봐 걱정되기도 하고, 이미 양보나 배려가 습관이 돼서 "전 다 괜찮아요"라는 말이 불쑥 나오기도 합니다. 마음이 위축되면 더 심해지죠. 타인에게 마냥 맞추다 보면 내 의견이나 감정은 음소거 처리가 됩니다.

하지만 내면에 어떤 욕구가 방울처럼 떠올랐을 때 표현하지 않으면, 찌꺼기가 되어 내면에 남게 됩니다. 마음에 쌓인 미련, 아쉬움, 피해 의식 등이 결국 관계에 잡음을 만들어 내죠. 계속 양보하다 보니 나도 모르는 사이에 스트레스가 쌓인다거나, 아쉬움 때문에 자꾸 과거의 일을 반추한다거나 말이죠.

이런 마음이 쌓이면 수동 공격적인 태도로도 나타날 수 있습니다. 수동 공격이란 말 그대로 수동적이고 소극적으로 상대방을 공격하는 것을 뜻합니다. 예를 들어 원하는 걸 분명히 밝힐 줄을 몰라 상대방이 가자는 데로 식당에 갔는데, 식당이 마음에 들지 않자 표정이 안 좋아지고 음식을 깨작깨작 먹는 식의 행동이죠. 상대가 "여기 마음에 안 들어?"라고 물으면 "아니야, 괜찮은데?"라고 답하고요. 이 또한 결국엔 자신의 욕구를 정확하게 표현하지 못하는 데서 출발합니다.

우리는 사소한 욕구부터 선명하게 말하는 버릇을 들여야 합니다. '버릇을 들인다'고 표현한 이유는 의식적으로 노력해서 몸에 배게 만들어야 하기 때문이죠. '에이, 굳이 뭐…', '별것도 아닌데…'라는 마음으로 한 번 두 번 내 입을 닫아 버리면 입은 그 상태로 굳어 버립니다. 그 때문에 말해야 할 때도 입이 잘 열리지 않게 되죠.

가장 실습하기 좋은 때는 아무래도 식사 메뉴를 고르는 순간입니다. 이제는 또렷하게 무엇을 원하는지 드러내 보세요. 물론 내 의사를 밝히되 배려하는 태도는 필요하기에, 몇 가지 선택지를 제시하면 더욱 좋겠죠.

- 나의 생각만 고집하며 '닫힌 제안'을 하기 보다는 여러 선택지를 아우를 수 있는 '열린 제안'을 하는 겁니다.
- 큰 범주를 제시하면서 큰 틀을 잡아 주거나, 구체적인 여러 예시를 나열하며 좀 더 작은 범주를 제안할 수도 있습니다.
- 만약 특별한 선호가 없는 상황이라면 "저는 오늘 중식은 좀 안 당겨요. 다른 건 다 괜찮아요"라고 특정 선택지를 소거하는 말이라도 해 보세요.

마음을 눌러도
다른 곳에서 티가 납니다

식사 후 카페에 들러 음료를 시키는데 다들 아메리카노를 시키는 상황. 그럼 괜히 뻘쭘해져서 "저도 아메리카노요"라고 할 때가 있죠? 하지만 굳이 누가 눈치를 주지 않는다면 조금 튀더라도 용기를 내서 녹차 프라푸치노를 시켜 보세요. 괜찮습니다. 취향이 있다는 건 매력적이에요. 자장면으로 통일하던 시대는 이미 지났습니다.

업무를 할 때도 우리는 수많은 선택지 사이에 놓입니다. 누군가 "다희 대리님, 이거 파일로 드릴까요? 출력해서 드릴까요?"라고 묻는 상황입니다. 출력물을 받는다면 상대방은 조금 수고스럽겠지만 나에겐 편하죠. 그러나 나도 모르게 양보 자아가 튀어나와 "그냥 파일로 주세요!"라고 답해 버립니다. 하지만 직접 출력하면서 '내가 왜 이것까지 해야 하지'라는 생각이 들거나, '묻지 말고 그냥 출력해서 주면 되는 거 아닌가?' 하며 괜히 상대방을 탓하기도 합니다.

풍선의 한 곳을 누르면 다른 곳이 불룩 튀어나오듯 무언가를 억제하면 다른 문제가 생긴다는 뜻의 '풍선 효과'처럼 내 마음 어딘가를 억압하면 다른 감정이 불룩 튀어나오기 마련입니다. 그러니 내가 못난 사람이 되지 않기 위해서라도 우린 사소할수록 더 말을 해야 합니다.

이렇게 사소한 것이라도 선명하게 의사를 밝히면 비단 나뿐만 아니라 상대방에게도 도움이 됩니다. 어떤 경우에는 "너 먹고 싶은 거 먹어", "난 다 괜찮아"가 좋게 다가올 때도 있지만 어떨 때는 메뉴를 고르는 것도 일종의 수고스러운 노력인데, 여기에서 빠지는 것처럼 보일 수도 있거든요. 의사를 분명히 전달하지 않고 상대방에게만 맞춰 주면 간혹 상대방 입장에서도 '저 사람은 내가 어색해서 맞춰 주나?'라며 불편한 감정이 들 수도 있어요.

'난 진짜 무던해서 뚜렷하게 선호하는 게 별로 없는데…' 하고 생각하는 분도 있을 수 있습니다. 그중에 일부는 정말로 타고나길 무던한 분이겠지만, 적지 않은 분은 취향을 탐색할 기회를 얻지 못해 자신의 취향에 관해 무딘 걸 수도 있습니다. 무던해야만 했던 환경에서 자랐거나, 무던한 모습을 보여야 한다는 압박이 있을 수도 있죠.

꺼진 불도 다시 보듯 진짜 무던한 건지, 내가 미처 모르는 건지 나를 잘 들여다봐 주세요. 사소하고 선명하게 나를 알고 나를 표현해 보자고요.

💬 **체크 포인트**

좋아하는 음식, 음악, 장소, 분위기, 계절, 시간대, 순간, 활동, 일, 사람 등 취향은 무궁무진하게 뻗어 나갈 수 있습니다.

66

누구나 자신만의
편안한 톤이 있어요

99

나만의 톤 찾기

저는 수업을 새로 시작할 때면 수강생분에게 닮고 싶은 목
소리가 있느냐고 물어봅니다. 그러면 여성 학생들로부터는 주
로 특정 여성 배우들의 이름이 나옵니다. 수애 씨가 단연 1등
이지만 최근에 인기가 급상승한 분이 있습니다. 바로 이청아
씨입니다. 김태균 감독의 영화 〈늑대의 유혹〉 속 이청아 씨의
옛 모습을 기억하는 분이라면 '이청아 목소리가 어땠지? 좋았
던 거 같진 않은데'라고 생각할 수도 있어요. 하지만 그의 최근

작을 본 분이라면 어렵지 않게 '맞아, 목소리 좋지…' 하고 수긍할 수 있을 겁니다. 배우로 활동해 온 20여 년 동안 그의 목소리에 아주 큰 변화가 있었기 때문입니다.

이청아 씨는 본인의 유튜브 채널 'MOCA 이청아' 콘텐츠에서 말하길, 어려 보이고 귀여운 외모를 지니고 있다 보니 주로 왈가닥 발랄한 성격의 캐릭터로 캐스팅되었고, 그런 배역에 맞추기 위해 귀엽고 발랄한 목소리를 내려고 노력을 많이 했다고 합니다. 성대가 긴장해서 연기할 때마다 목이 쉽게 상했다는데요. 그래서 성악과 판소리를 배우는 등 발성 훈련을 하고 음성 클리닉에 다녔다고 합니다. 이후 비로소 자신이 타고난 성대가 길어 여성 평균보다 꽤 낮은 목소리를 갖고 있다는 것을 알게 된 거죠. 늘 높고 발랄한 톤을 내려 노력하다 보니 어느 순간 애쓰고 있다는 것조차 몰랐는데, 자유롭게 낮고 허스키한 톤을 낸 순간 '이거구나!' 하고 큰 깨달음을 얻었다고 합니다. 아마 큰 해방감을 느꼈을 것 같아요.

생각보다 많은 분이 '밝고 높은 톤을 내야 한다'는 압박을 받으며 살아갑니다. 좀 더 호감을 사야 하거나, 주변 분위기를 밝게 만들어야 한다거나, 친절해야 한다는 등의 압박 말입니다. 특히 여성의 경우 사회적으로 '여성스럽게' 여겨지는 톤을 지녀야 한다는 무의식적인 압박에서 자유로울 수 없기에, 이 청아 씨처럼 중저음을 타고나더라도 한층 톤을 높이고 덜 성숙하게 말하는 것이 습관이 된 경우가 많습니다.

하지만 애를 쓰는 것 자체가 내 본연의 자아를 흐리게 만드는 일입니다. 자연스러운 내가 훼손되는 것이죠. 만약 평소 어색하거나 불편한 상황에서 습관적으로 자주 웃는다거나, 처음 만난 사람에게 나도 모르게 톤을 높여 친절하게 말하거나, 눈치를 보게 되는 사람 앞에서 작아지는 분이라면 자연스러운 본연의 톤을 찾는 작업이 정말 중요합니다. 습관적으로 올라가 있던 광대와 입꼬리를 내려 편안한 나를 찾고, 그 상태로 말을 건네 보세요. 있는 그대로의 나를 수용하는 과정은 의미가 큽니다.

편하게 나오는 목소리가
진짜 내 목소리입니다

- 편안한 톤을 찾기 위해서는 먼저 울대를 만지며 다양한 음을 내 보는 것이 도움이 됩니다. 성대에 손을 대고 편안하게 살짝 한숨 쉬듯 "하…" 하고 소리를 내 보세요.

- 높은음으로도 내 보고, 낮은음으로도 내 봅니다.
- "안녕하세요" 같은 문장을 소리 내어 말해도 좋아요.
- 조금 더 과장해서 높거나 낮게 만들면 그에 따라 성대가 움직이는 게 느껴질 거예요.
- 그 움직임이 안 느껴지는 음역이 나의 적정 톤이라고 보면 됩니다. 성대가 무리하지 않고 편안한 상태죠.

하지만 이 방법만으로 정교하게 알기는 어렵습니다. 편안하게 상체에 힘을 풀고 "하…" 하며 한숨을 쉬어 보세요. 상체에 긴장이 많은 분은 벽에 머리와 상체를 살짝 기대도 좋아요. 한숨 쉴 때는 감정을 과하게 섞지 말고, 힘없이 시무룩한 느낌으로 소리를 내 봅니다. 그 음이 나의 차분한 상태의 자연스러운 음높이입니다.

이렇게 해도 잘 모르겠다면 학창 시절에 소곤대며 귓속말하던 때를 떠올려 볼게요. ASMR 유튜버들이 속삭이며 말하듯 "야, 오늘 뭐 해?"라고 말해 보세요. 시무룩하고 힘없이 편안하게요. 그게 바로 나만의 편안한 톤입니다.

아마 '생각보다 내 톤이 낮구나' 하고 느낄 분들이 많으실 겁니다. 사람마다 다양한 이유로 지금의 톤이 만들어졌겠지만, 그만큼 애쓰며 살아왔다는 뜻일 수도 있습니다. 처음에는 아마 낯설 거예요. 톤이 너무 힘없거나 어둡게 느껴질 수도 있습니다. 하지만 적응이 되면 오히려 편안하게 느껴질 겁니다. 코칭받은 분들 대부분이 이런 변화를 겪고 있습니다.

물론 톤이 안정적으로 자리 잡히기 위해서는 꾸준한 훈련이 필요합니다. 피치가 낮을수록 뱃심이 더 필요하거든요. 배에 힘을 주고 안정적으로 말해 보세요. 그러면 따로 시간을 내지 않아도 매일매일 훈련을 이어 갈 수 있고, 어느 순간 적정 톤이 편안하게 느껴지는 순간이 올 거예요.

 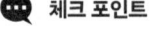 **체크 포인트**
글자가 보일 때마다 적정 톤을 활용해서 읽는 훈련을 해 주세요.

66

내가 나에게 친절해야
남도 나에게 친절해요

99

자기 친절

목소리에 자신감이 사라지고 쉽게 마음이 위축되는 건 타인을 과도하게 의식하기 때문이라고 강조해 왔는데요. 그렇다면 이번 챕터에서는 어떻게 하면 이런 경향성을 줄일 수 있는지, 타인을 과도하게 의식하지 않는 방법은 무엇인지 알아보겠습니다. 바로 '자기 친절'이라는 개념을 통해서요.

자기 친절이란 말 그대로 자기에게 친절하게 대하는 겁니다. 텍사스대학교 교수 크리스틴 네프는 자기 친절을 '자신을 혹독하게 비판하기보다는 자신에게 친절하고 자신을 이해하는 것'이라고 설명했습니다. 자기 친절은 불안과 우울감을 줄여 주고, 감정 조절을 더 잘하게 만들기도 하며, 다른 사람에 대한 공감력도 높여 준다고 합니다. 실질적인 효능이 있다는 것이죠.

하지만 우리는 대체로 주변인들에게는 친절하면서 정작 나 자신에게는 야박하고 못되게 굴 때가 있습니다. 친구가 큰 실수를 했다며 속상해하면 다정하게 위로하곤 하지만, 내가 실수를 하면 마음속에 '넌 역시 멍청해', '늘 실패해', '실망스럽다' 같은 온갖 혹독한 말들이 오가죠. 참 이상하지 않나요? 평생 함께 살아야 하는 가장 가깝고 소중한 존재는 다름 아닌 나 자신인데, 자신에게 가장 무례하게 군다는 게 아이러니하죠.

실제로 적지 않은 분들은 '자신을 혹독하게 몰아붙여야 한다'고 생각하기도 해요. 하지만 네프 교수의 연구에 따르면 이러한 자기 비판적인 태도는 오히려 자존감을 낮추고 우울과 불안을 높인다고 합니다. 혹독하게 자신을 괴롭히며 성공한 소수의 사례가 과대하게 드러날 뿐, 우리 자신에게 부정적인 영향을 미친다는 거죠.

우리는 자기에게 친절해야 합니다. 역지사지(易地思之)를 뒤집어 남을 대하듯 나를 대해 줘야 합니다. 그래야 타인에게 치우쳐 있던 숭심이 나에게로 돌아올 수가 있어요. 그러면 자연스럽게 에너지의 방향이 나로 돌아오면서 눈치 보며 위축된 부분도 줄어듭니다.

습관적인 자아비판은
잠시 멈춰 주세요

우리는 실수하거나 안 좋은 일이 생겼을 때 습관적으로 나를 비판하려는 목소리를 잠깐 멈출 줄 알아야 합니다. 특정한 생각의 길이 반복되다 보면 자동으로 그렇게만 생각하게 되죠. 분명 나는 노력했고, 상황이 불리했음에도 '내가 제대로 안 챙겨서 또 망했네', '내가 또 바보 같았다'며 자책하게 되고요.

- 자책하는 감정이 들 때는 코로 천천히 숨을 들이마시고, 입으로 천천히 더 길게 내쉬어 보세요.
- 복식 호흡을 잠깐 하면서 내면에 파고 들어오는 감정을 바라봐 줍니다.
- 그리고 그 메시지를 수정해 줘야 해요. '망친 것까진 아니

야, '나는 할 만큼 노력하긴 했지', '바보 같았던 건 아니야, 실수였을 뿐' 이렇게 말입니다.

- 응원과 격려를 보내 주세요. 내가 마치 아끼는 동생이 된 것처럼 나를 대한다고 생각하면 쉬울 겁니다.

인지적인 면에서 자기 친절을 훈련했다면, 이제는 행동으로도 옮겨 주세요. 나를 위하는 겁니다. 사랑하는 가족, 친구, 연인을 위하듯 나를 위해 맛있는 간식도 사 주고, 생일엔 조금 비싼 선물도 해 주고, 시간이 나면 근사한 카페나 식당에도 데려가 주는 겁니다. 훈련했던 걸 써먹으면서 다른 이들과 약속 장소를 잡거나 메뉴를 고를 때에도 한번 내 위주로 행동해 보세요. "나 요새 마감 때문에 좀 힘들었는데, 혹시 오늘 내가 가고 싶은 데로 가도 될까?"같이 가볍게 말해 보는 거죠. 건강한 자기중심적 태도와 이기주의는 다릅니다.

저는 서울에서 타지 생활을 하고 있어 방 계약이 끝나는 2년 주기로 이사를 하는 신세인데요. 이사란 누구에게나 힘든 일이지만, 저는 가뜩이나 예민한 성격이라 이사를 한 번 하면 온 기운이 빠지더라고요. 한번은 집주인과의 소통, 대출 등 여러 문제가 섞여 무척 힘들었던 적이 있었습니다. 그때 저는 가까운 친구 두 명에게 '다희 특별 케어 주간'을 선포했어요. 평소보다 좀 더 다정하게 말해 주고, 안부를 자주 물어 주고 잘 챙겨 달라고 부탁을 했어요. 이렇게 했더니 마음이 한결 낫더라고요. 그러나 내가 나서서 적극적으로 나를 위하는 건 타인이 나를 도와주길 기대하는 것보다 훨씬 쉽고 효과적입니다. 내가 나를 제일 잘 알기 때문이죠.

'그래도 너무 풀어 주기만 하면 나태해지는 거 아니야?'

영 걱정스럽다면 이슬아 작가의 장편소설 《가녀장의 시대》에서 나오는 태도를 참고해 보시면 될 것 같아요. 작가 본인이 투영된 책 속 주인공은 어떻게 매일 글을 쓰냐는 친구의 질문에, 마감과 자신 사이가 나빠지지 않도록 스스로가 '주선자' 역할을 한다고 답합니다.

"마감 선생님, 이쪽은 이슬아 작가예요. 실력과 체력이 부족하지만, 열심히 노력하는 애니까 잘 봐주세요···. 이슬아 작가님, 이쪽은 마감 선생님입니다. 굉장히 엄격한 분이시니까 시간 엄수 부탁드려요. 그럼 두 분···. 오늘 자정까지 좋은 시간 보내시면 좋겠습니다."

사랑하고 아껴 주면서도 때로는 (잘되길 바라는 마음으로) 소중한 이를 엄하게 대하듯 나를 대하면 되지 않을까요? 하지만 엄하게 대하는 것보다도 나에게 친절하기가 선행되어야겠죠.

💬 **체크 포인트**
가까운 사람들에게 친절을 부탁하는 것도 쉽고 좋은 방법입니다.

"
아쉬운 건 아쉽다고,
싫은 건 싫다고 말하세요
"

경계 세우기

지금까지 위축된 마음을 펴는 작업을 해 보았는데요. 그렇다면 이제는 반듯하게 다린 마음을 바탕으로 사그라들었던 나의 기를 살려 보겠습니다. 지금껏 남에게만 맞춘 삶의 중심을 그 누구도 아닌 나 자신에게 맞추는 건데요. 보다 뚜렷한 나를 만나는 과정입니다.

유독 색깔이 참 선명하게 느껴지는 사람이 있습니다. 개성이 강한 것일 수도 있겠지만, 이미지가 강렬하지 않더라도 '저 사람은 색깔이 참 뚜렷하다'고 생각하게 하는 경우가 있죠. 이런 분들은 자신의 호가 확실한 것은 물론 불호도 명확합니다. 아쉬운 건 아쉽다고, 별로인 건 별로라고 말할 수 있는 사람들이죠. 내가 아니라고 생각하는 것들에 확신이 있고, 이를 소거하다 보니 경계가 뚜렷해지는 건데요. 이번 챕터에서는 경계를 세우는 두 가지 전략을 알려드리겠습니다. 굳이 대단히 적극적이고 단호하게 불호를 표현하지 않아도 되고요. '동조하지 않기'와 '기대에 부응하지 않기'만 기억해도 색이 분명한 사람처럼 보일 수 있습니다.

억지로 동조하고 부응하다 보면
서서히 풀이 죽어요

첫째, 동조하지 않기는 어떤 분위기에 휩쓸리지 않는 태도를 말합니다.

모두가 "예스"라고 한다고 해서 어영부영 나도 "예스" 하지 않는 거죠. 거창한 제스처가 필요한 것도 아닙니다. 회의 중 아이디어에 대한 의견을 주고받을 때 "저는 이게 좀 아쉬워요" 하고 말하는 겁니다. 다른 이들이 모두 좋다고 하더라도, 회의

가 길어져 빨리 마쳐야 할 것 같아도 말이죠. '할까, 말까?' 고민하다 단념하지 말고, 타인과 다른 내 생각을 분명하게 드러내 보세요.

사실 사람은 생물학적으로 다수 의견에 동조하지 않는 행위를 아주 힘들어 하게끔 설계돼 있어요. 집단과 내가 다른 상황일 때 느끼는 고통은 실제로 신체적인 고통을 겪을 때 반응하는 뇌 영역(편도체)과 일치합니다. 그만큼 사람들은 다른 이들과 일치되려는 압력을 수시로 느낀다는 겁니다. 하지만 매번 억지로 동조하고 다른 이들에게 내 주관을 의탁한다면, 나의 기는 시들시들해질 수밖에 없습니다.

- 조금 고통스럽고 불안할지라도 조심스럽게 나는 다르다고 얘기해 보세요.
- "아, 그것도 좋은 아이디어인데, 저는 이런 지점이 조금 걱정되기는 해요."
- 이렇게 강도를 조금 낮춰 부드럽게 전하면 타인도 생각보다 잘 받아들입니다.

둘째, 기대에 어긋나 보세요.

우리는 대체로 기대받는 역할에 충실하려 애씁니다. 특히 타인을 많이 살피는 사람은 그 상대방이 필요로 하는 게 뭔지 빠르게 인지하죠. '아, 이 사람은 칭찬을 받고 싶구나', '같이 욕해 주기를 바라는구나', '내가 잘 이해하기를 바라는구나' 하고요. 이내 그 기대에 부응하는 반응을 하려고 합니다. 하지만 굳이 그럴 필요 없습니다. 나는 그 누구도 아닌 그냥 나로 충분합니다.

- 칭찬하고 싶지 않다면 그냥 "아, 그랬구나" 하고 넘어가고 욕하고 싶지 않다면 "힘들었겠다" 하고 넘어가세요.
- 동조하지 않고 기대에 어긋나는 건 내 기를 살려 주는 훈련이 될 뿐 아니라 의외의 매력 포인트가 될 수 있습니다.

예를 들어 지금껏 이런 작사가가 있었나 싶을 정도로 TV, 라디오, 뉴미디어를 종횡무진으로 활약하는 작사가 김이나 씨의 경우, 쉽게 동조하지 않고 남의 기대에 어긋날지라도 솔직하게 자신을 드러내는 편인데요. 김이나 씨는 인위적이고 형식적인 게스트의 멘트에 "아, 절여진 멘트인데요"라고 능청스럽게 타박을 주기도 하고, 수긍하기 어려운 건 어렵다고, 이해가 안 되는 건 안 된다고 솔직하게 말합니다. 고상하고 우아한 이미지에서 상상하기 어려운 모습도 자주 보여 주죠. 기대한 반응과 어딘가 다른 멘트가 툭툭 나오는데, 거기서 고유의 매력이 생기는 겁니다.

매번 좋다고만 하는 사람의 말은 듣기는 좋아도 마냥 신뢰하긴 어렵습니다. 쉽게 동조하지 않고, 흔히 기대되는 반응에서 벗어나는 덜 관습적인 모습은 인간적인 매력뿐 아니라 신뢰도도 높여 줍니다. 아닌 걸 아니라고 말하는 사람이기에, 그의 주관에 더 신뢰가 가서 다른 의견을 말하든 동조하는 의견을 말하든 믿음이 가는 거죠. 이런 과정에서 내 말에 힘과 권위가 실립니다. 사람들은 솔직한 사람의 말에 더 집중하고, 신뢰하니까요.

자, 어떤가요? 한번 시도해 봐야 할 것 같지 않나요? 부담이 덜 되는 사소한 주제에서부터 오늘 당장 실천해 보세요!

  **체크 포인트**
나와 의견이 다른 사람을 만나면, "그럴 수도 있지" 하고 넘겨 보세요.

자신감을 길러 주는 일상의 작은 실천 1

☺ '그동안 힘들었겠구나', '애쓰지 않아도 돼', '너를 좋아하는 사람들이 많아'
오랜 시간 쌓인 부정적인 마음을 부수기 위해 나에게 따뜻한 말을 건네 보세요.

☺ 위축된 상태에서는 목소리도 말끝도 흐려지기 마련입니다.
말하기 코어에 힘을 주고 단단하게 "네!"하고 말해 보세요.

☺ "저도 아이스 아메리카노요!" 대신 "저는 녹차 프라푸치노요!"
원하는 메뉴와 의견을 말해 보세요. 주관이 없는 것보다 주관이 확실한 게 낫습니다.

☺ 편안하게 상체에 힘을 풀고 배에 힘을 줘 자신에게 편한 톤을 찾아보세요.
꼭 톤이 밝고 높을 필요는 없습니다. 모두 각자 편한 톤이 있으니까요.

☺ 자신을 혹독하게 몰아붙일 필요는 없습니다.
남에게 친절하듯 자신에게도 친절하게 대해 주세요. 무엇이든 적절해야 합니다.

☺ 모든 일에 동조하고, 모든 기대에 부응하려 노력하지 마세요.
주관 있는 모습이 오히려 인간적인 매력과 신뢰도를 높여
주기도 합니다.

☺ 자기 자신에 대한 개념은 보통 어렸을 때 형성되곤 합니다.
어린 시절의 나를 마주하고, 자아상을 수정해 건강한 세계
관을 구축해 보세요.

☺ 적당한 친절함과 만만해 보이는 상냥함은 한 끗 차이입
니다.
과한 상냥함을 덜고, 젠틀한 나를 만들어 보세요.

☺ 자기 개방은 억압된 정서를 풀고, 불안과 긴장을 해소하고
스트레스를 감소시킵니다.
진솔할 용기를 바탕으로 나를 드러낼 줄 알아야 합니다.

☺ 불안할 때나 기대될 때나 가슴은 두근거리기 마련입니다.
같은 두근거림도 긍정적으로 바꿀 수 있습니다.

2장

자신 있게 다가가는 태도의 기술

말 잘하는 사람들은 항상 기세가 좋습니다

눈치 보는 습관은 관성처럼 존재합니다. 일상에서 자세와 마인드셋을 신경 쓰지 않으면 도로 무너지기 쉽죠. 며칠 청소하지 않으면 금세 먼지가 쌓이듯 말이에요. 그래서 내 마음을 깨끗이 청소하는 마음으로 하루하루 태도를 점검해야 합니다. 이렇게 자세를 벼리다 보면 나에게도 힘이 생기기 시작합니다.

지금까지 우리는 왜 눈치를 보는지, 눈치를 안 보는 내가 되려면 어떤 훈련이 필요한지 살펴보며 위축된 나를 펴는 작업을 했습니다. 이제 그 반듯해진 자아를 바탕으로 바로 서는 작업을 해 보려 합니다. 눈치 보지 않고 당당한 나를 본격적으로 만나 보겠습니다.

66

전달하지 않은 마음까지
읽을 필요는 없어요

99

받아들이기

누구나 사회 초년생 때 그러하듯, 저 또한 라디오 DJ가 되었을 때 힘든 시기가 있었습니다. 처음에야 들뜨고 신난 마음이 컸는데, 몇 달 지나고 처음의 흥분이 가라앉자 어느새 자기 검열이 시작되었어요. 뭔가 잘못하고 있는 것 같은데 그게 뭔지는 모르겠고…. 혼란스러움은 자기 불신이 되었습니다. 그러다 보니 주변의 반응에도 아주 민감해졌습니다. 동료나 선배가 하는 말 하나하나가 너무나 뾰족하게 다가왔죠.

누가 저에게 잘한다고 칭찬해도 마음 깊은 곳에서는 쉽사리 믿지 못했습니다. 계속 상대방의 표정을 살피면서 '속마음은 아닌 거 같은데…', '실제로는 내가 못마땅한 거 아닐까…'라는 생각에 시달렸습니다. 특정 관계에서 갈등이 생기면서부터는 눈치 보는 습관이 과해졌습니다. 누군가와 인사만 나눠도 상대방의 표정이 약간 어두우면 괜히 '나를 싫어하나?' 하고 불안해했어요. 뒤늦게 약을 처방받고, 상담도 받으면서 조금씩 나아질 수 있었습니다. 이랬던 과거의 저에게 저는 이 말을 꼭 전해 주고 싶습니다. 강경화 전 외교부 장관의 말인데요. 그는 코리아 소사이어티와의 인터뷰에서 이렇게 말했어요.

"기본적으로 상대가 무슨 말을 하면 그걸 있는 그대로 받아들이세요. 상대의 말을 두세 번 곱씹으면서 괜히 넘겨짚지 마세요. 그건 정말 건강하지 않은 업무 습관인데 그 생각에 빠지는 게 너무 쉽습니다. (중략) 저 역시도 정말 열심히 노력하고 있습니다. 정말 아무 의미 없는 데서 '진의가 뭘까?' 고민하지 않으려고요."

제가 그랬듯 습관적으로 눈치를 보는 분들은 아마 하루에도 몇 번씩 타인의 진의와 저의를 신경 쓰고 있을지도 모릅니다. '좋다고 말했지만, 표정은 그렇지 않은 것 같은데?'라든지, '괜찮다고 했지만, 실제로도 그럴까?'라는 식으로 꼬아서 생각하고, 상대가 가볍게 툭 뱉은 말에 나를 공격하려는 숨은 뜻이 있을지도 모른다고 부정적으로 생각하죠.

여기서 자칫 잘못 확장되면 타인을 과도하게 신경 쓰는 '관계 사고'로 번지게 됩니다. 나와 무관한 것에 나를 갖다 붙이는 것을 심리학 용어로 관계 사고라고 하는데요. 여럿이 모여서 대화를 나누고 있으면 나의 험담을 하는 것 같다는 생각이 들거나, 팀에 안 좋은 일이 생겼는데 괜히 나 때문인 것 같다는 비합리적인 생각에 사로잡히는 것이죠. 관계 사고가 심해지면 관계 망상이 된다고도 하는데요. 관계 망상은 치료가 필요한 수준이기에, 나와 무관한 일과 나를 연관 짓는 습관을 내려놓아야 합니다.

남의 마음은
내가 알 수 있는 게 아니에요

변화의 시작은 숨은 저의를 판단하려는 습관을 교정하는 것입니다. '잘했다고 말만 하고 실제로는 아닌 거 같은데', '이런 단어를 굳이 쓴 걸 보니 내가 싫은가 보다' 같은 생각이 치고 들어올 때마다 과감하게 차단해야 합니다. 눈치가 아무리 빠른 사람이라도 다른 이의 마음을 읽을 수는 없습니다. 종종 맞는 때가 있더라도, 틀릴 때가 훨씬 많을 거예요.

예를 들어 팀장이 오늘따라 표정이 안 좋다면, 그 이유를 추측하지 않는 것입니다. 타고나길 표정이 어두운 사람인데 오늘 내가 기분이 안 좋아서 팀장의 표정이 더 어두워 보일 수도 있고, 부부싸움을 하고 와서 기분이 처진 걸 수도 있습니다. 설령 나를 썩 좋아하진 않더라도, 나에게 무관심하거나 중립적인 감정을 지닐 확률이 더 높습니다.

다른 사람의 저의를 습관적으로 분석할지도 모릅니다. 그럴 때는 이렇게 해 보세요.

- 새로운 목소리를 꺼내 반박해 주세요.
- 바로 반박하는 것이 어렵다면, 자동으로 내 머릿속에 떠오르는 생각을 메모라도 해 주세요.
- 편안한 공간에서 그 메모를 펼쳐서 빨간 펜으로 반박해 보세요.
- '나를 크게 좋아하는 것 같진 않지만 그래도 탐탁지 않게 여기는 것까진 아닌 것 같다. 팀장은 다른 사람에게도 비슷하

게 대한다. 저번에는 칭찬한 적도 있다' 이런 식으로요.

- 혼자서 영 나아지지 않는다면 전문가의 도움이 필요할 수도 있습니다.

평소엔 밝다가도 상사 앞에만 가면 주눅이 들죠. 자꾸만 눈치를 보게 된다면 아마 목소리도 기어들어 갈 거예요. 이렇게 말하면 좋아 보일 수가 없습니다. 그러니 내가 언제 특히 주눅 드는지를 파악하고, 그럴 때일수록 더 말하기 코어에 힘을 주고 크게 말하려 노력해 보세요. 몸이 변하면 마음도 변하는 법입니다.

타인을 살피고 저의를 파악하려다 보면 절대로 자신감 있게 말할 수 없습니다. 눈치 보는 마음에서 빼놓을 수 없는 것이 '저의 파악 습관'인 만큼 꼭 적용해 보시길 권해요. 아마 '내가 이렇게나 눈치를 보고 관계 사고에 사로잡혀 있었구나' 하고 놀라실 거예요. 그리고 생각보다 교정이 어렵다는 걸 체감할 수도 있습니다. 하지만 괜찮아요. 조금씩 나아질 겁니다.

 체크 포인트

있는 그대로만 해석하고, 저의를 분석하는 것을 멈춰 보세요.

66

마음이 개운해지는
말하기 비결 네 가지

99

자기 어필하기

저는 성인이 되고 고향을 떠난 지 벌써 10년도 더 지났습니다. 저의 자취생 경력도 어느새 10여 년 차에 접어들었는데요. 혼자 꾸리는 살림인데도 어찌나 일이 많은지, 하루 이틀만 집안일을 게을리해도 금세 집안 꼴이 지저분해집니다. 정리 정돈은 이제 습관이 돼서 크게 어지르지 않는데, 먼지가 문제입니다. 며칠 본가에 다녀오면 어딘가 꼭 끈적하게 먼지가 쌓여 있어요. 힘을 주어 닦아야만 깨끗해지죠.

우리 마음도 마찬가지인 것 같습니다. 부정적인 감정이 마음에 쌓이다 보면 찐득하게 엉겨 붙어 나중에는 잘 닦이지 않곤 합니다. 실제로 우리는 '쌓아 두지 말고 차라리 그때그때 말하는 게 낫다', '쌓인 게 많다'처럼 마음의 부정적인 찌꺼기를 '쌓인다'고 하죠. 그만큼 자주 또 쉽게 쌓인다는 뜻일 것입니다. 그러니 그때그때 먼지가 안 쌓이게 하는 게 중요하겠습니다. 마음에 먼지가 끼지 않도록 저는 다음의 네 가지를 일상에서 실천하시길 추천해 드려요.

- 거절하기
- 나를 챙기기
- 티 내기
- 생색내기

첫째, 거절하기입니다.

우리를 자주 시험에 들게 하는 게 바로 이 거절이죠. 기가 죽어 있는 사람일수록 거절이 어렵습니다. 상대방이 나를 어떻게 볼지 신경 쓰는데, 그의 요청을 어떻게 거절하겠어요. 하지만 순간의 곤란함을 모면하기 위해 자꾸만 상대의 요구에 응하다 보면, 내 마음이 힘들어지고 점점 내가 못난 사람이 됩니다. 처음에는 좋은 마음으로 응했다가 막상 그 일이 까다롭고 나를 힘들게 하면 갑자기 일을 요청한 사람에게 화가 나죠. 분명 수락한 건 나인데 말이에요.

저도 무리해서 일을 받았다가 뒤늦게 애먼 사람을 속으로 욕하고 있는 저를 보며, '마냥 타인의 요구를 수용해 주는 게 절대 좋은 게 아니구나!' 하고 깨달았어요. 누군가 부탁하면 꼭 신중하게 생각해 보세요. 그 자리에서 거절하는 게 영 불편하다면 "혹시 조금만 생각해 봐도 될까요?"라고 시간을 벌고 혼자만의 시간을 가진 후 내 역량과 여유를 잘 살펴 응하세요.

둘째, 양보하지 말고 챙기세요.

타인을 살피는 사람들은 쉽게 말해, 자기 밥그릇 챙기는 일을 잘 못합니다. 좋은 기회가 생기면 다른 사람들에게 습관적으로 양보하려고 하죠. 내 걸 챙기는 게 어딘가 이기적으로 보이기도 하고요. 이는 의사를 어필하는 일이 서툴러서입니다. 이 또한 내 마음에 먼지를 쌓는 일이에요.

처음에야 좋은 마음으로 양보했다 쳐도 마음에 괜히 미련이나 아쉬움이 남고, 시간이 지나면 결국 상대에 대한 부정적인 마음으로 이어지기도 합니다. 무엇보다 양보도 습관이 되기 때문에 늘 양보만 하려는 습관을 끊어 주는 게 중요합니다. '내

가 가지고 싶다', '내가 하고 싶다'고 조심스럽고 쑥스럽게라도
표현해 주세요.

자기 PR 시대에서
어필은 선택이 아닌 필수적인 요소입니다

적절한 자기 어필은 내 마음 건강에도 도움이 됩니다. 타인
에게 선행을 하거나 사려 깊은 행동을 할 때 '난 남이 몰라줘도
괜찮아'라고 생각하지만, 실제로 남이 알아주지 않아도 괜찮은
사람은 절반도 되지 않을 거라 생각해요. 웬만한 사람들은 내
심 남들이 알아주길 바라고 있을 겁니다. 성인군자가 아닌 이
상요.

하지만 겸양의 미덕을 높이 쳐주는 우리 사회에서 우린 말을
줄이려 하죠. 이렇게 자기 어필을 하지 못하다 보면 마음에 먼
지가 쌓이고 괜한 심술이 생깁니다. 자기 어필을 하는 사람을
보면 못난 마음이 들죠.

저도 그랬습니다. '뭘 잘할 수 있다', '뭘 하고 싶다' 등 자기
어필에 워낙에 서툴다 보니, 이를 잘하는 동료를 보면 질투가
나거나 어떨 때는 그 사람이 당당하게 요구하는 행동이 괜히

미성숙해 보이기도 했어요. 하지만 사실 저도 그렇게 하고 싶은 거였죠.

셋째, 시원하게 티를 좀 내 보세요.

자랑하고픈 마음은 누구에게나 있습니다. 부정하지 말고, 그 어린 마음을 귀엽게 봐주세요. 그리고 적절하게 표현하면 됩니다. 수줍은 듯 웃으면서 "사실 저 정기 후원 여러 군데 하고 있어요"라고 말하면 그 누가 안 좋게 볼까요? '저 이거 좀 잘할 수 있어요'라고 솔직하게 드러내면 자신감 있어 보입니다. 모두가 재야의 고수처럼 힘을 숨기고 살 수 있는 건 아닙니다. 잘하는 건 잘한다고, 하고 싶은 건 하고 싶다고 말해 주세요.

넷째, 비슷한 맥락으로 생색내기도 필요합니다.

내가 더 노력이나 정성을 쏟았다면 말이죠. 저는 프리랜서 성우로도 일하고 있는데요. 작업하다 보면 품이 더 들 때가 있습니다. 제가 처음에 제시한 비용보다 더 높게 받을 만한 작업인데 뒤늦게 '아차!' 싶은 경우가 있죠. 처음에는 그럴 때도 그냥 묵묵히 일하고 표현을 하지 않았는데요. 그러다 보니 같은 클라이언트가 재의뢰를 할 때도 비용을 올리는 게 쉽지가 않더라고요.

그래서 그 후로는 생색을 내고 있습니다. '음원 구하는 게 생각보다 쉽지 않았어요', '파일 분할이 생각보다 시간이 오래 걸리더라고요' 이런 식으로요. 당장 대가를 올려 받는 게 아닐지라도, 우선 당시 상황을 전달하곤 합니다. 이렇게 생색을 내는 게 결국 내 가치를 내가 알아주고, 남에게 적극적으로 알리는 일이 되는 것이죠.

일상에서도 마찬가지예요. 맛집 찾는 게 어려웠다면 "내가 한 30분 뒤져서 찾은 곳이야, 에헴", 친구 선물을 구하는 데에 많은 품이 들었다면 "이거 구하는 게 쉽지 않았어~" 하고 장난스럽게 웃으면서 말을 건네 보세요. 그래야 '말 안 해 놓고 내심 알아주길 바라는 마음'을 달랠 수 있습니다.

내 마음은 소중하고 귀합니다. 내 노력과 노동도 마찬가지예요. 나부터 나를 귀히 여기고 잘 대해 주자고요. 거절할 건 거절해서 나를 지키고, 양보하지 않고 내 것을 챙기고, 티 내고 생색냄으로써 나를 어필해 보아요.

💬 **체크 포인트**
적절하게 권리를 챙기고 티를 내면 더 자신감 있어 보입니다.

소통도 기세가 중요해요

기세 드러내기

한번은 버스에서 내릴 곳에 도착했는데 하차 벨을 누르지 않은 적이 있었어요. 이미 도착한 정류장에서 승차 승객들이 탑승하고, 하차 문은 굳게 닫혀 있습니다. 이럴 때 여러분은 어떻게 하시나요? 큰 소리로 "기사님! 내려 주세요!"라고 외칠 수 있는 거침없는 성격을 가진 분도 많을까요? 이 책을 보고 있는 여러분이라면 '아, 어쩌지…' 하다가 그냥 한 정류장 더 가서 내리거나, "기사님… 저 내려요…!"라고 용기 내 말했으나 결국

소심한 목소리가 전달되지 못해 오히려 더 뻘쭘한 채로 한 정류장 더 갔던 경험이 있는 분이 더 많을 거예요.

나름대로 소리를 높여 말하지만, 귓등에도 스치지 않는지 무심하게 버스를 출발시키는 기사님, 나를 쳐다보는 승객들, 이상하게 나가 버린 목소리, 급한 마음에 뭉개진 발음…. 민망하고 부끄러운 상황입니다. 저는 방송을 시작하고 나름 목소리가 탄탄해졌을 때도 이런 순간에는 늘 긴장 때문에 제대로 의사를 전달하지 못하곤 했습니다. 그러던 제가 달라진 계기가 있었는데요. 소통의 메커니즘을 나름 깨달은 때라고 할 수 있겠습니다.

저는 몇몇 회사에서 프리랜서로 조직 생활을 경험한 적 있는데요. 오래갈 소중한 인연도 만났지만, 서로 잡음을 빚은 사람들도 있었습니다. 그 전까지는 모범생 콤플렉스 때문인지 제 삶에서 인간관계로 인한 갈등은 거의 없었는데요. 다양한 인간 군상을 만나다 보면 유독 상성이 안 맞는 사람들을 마주하기도 합니다.

그중 한 분은 감정이 겉으로 잘 드러나는 사람이었습니다. 그분은 언젠가부터 저를 냉담하게 대하기 시작했는데요. 어떤 시기에는 제가 인사를 해도 쌀쌀맞게 반응하고, 제가 주변에 있으면 불편한 기색을 냈던 것 같아요. 가뜩이나 눈치를 살피는 편인 저는 감정 표현이 크고 거칠며 예측 불가능한 그분을 더 신경 쓸 수밖에 없었습니다. 그분이 제 뒤에 있으면 불안감에 가슴이 두근거리기도 했어요. 그렇게 저는 조금씩 시들어 갔던 것 같습니다. 눈치를 보면 볼수록 더 제가 작아지고 자신감이 쪼그라들었어요.

한편 그 당시 저는 꾸준히 발성 훈련을 하고 있었는데요. "가! 갸! 거! 겨!" 하면서 힘 있게 소리를 내는 훈련을 종종 했죠. 특히 마음이 울적해지고 스스로가 작게 느껴질 때면 큰 소리를 내면서 회복하려 노력하곤 했어요.

그러던 어느 날, 저는 아랫배에 단단히 힘을 주고 그분에게 "안녕하세요!" 하고 크게 인사를 했습니다. 그랬더니 그분도 살짝 의아해하는 반응이지만 이내 잘 대답해 주더군요. 제가 위축된 채로 인사를 하면 더 차갑게 굴었는데, 제가 당당하게 인사를 건네니 그분도 저를 존중하는 태도로 대응했습니다.

지금까지 저자세로 눈치 보며 소극적으로 인사를 했던 게 오히려 먹잇감을 제공한 꼴이었습니다. 저를 못마땅하게 보는 사람은 제가 자신감 없고 위축된 모습을 보였을 때 더 기세등등해지며 저를 존중할 생각이 들지 않았을 거예요. 반대로 제가 당당하게 인사를 건네면, '이 사람 만만하지 않네?'라는 생각이 들겠죠.

존재감을 각인시키는
당당함의 힘

결국, 소통도 기세입니다. 나를 위축시키고 힘들게 하는 사람 앞에서는 도리어 더 크고 기운차게 기세를 드러내야 합니다. 이때 가장 쉬우면서도 유용한 수단이 바로 말인 거죠. 말은 누구나 할 수 있으니까요. 나의 존재감을 제대로 각인시켜야 할 때, 마치 짐승들이 상대를 위협하려 몸을 크게 부풀리듯 소리를 부풀리면 됩니다. 그래서 우리말에 "목소리 큰 사람이 이긴다"라는 말이 있나 봐요. 단순히 볼륨이 커서 말이 잘 들리기 때문만은 아니겠죠. 목소리를 키우는 일은 자기 확신과 자신감이 있어야 가능하기 때문입니다.

- 습관적으로 위축되는 순간이 오면, 오히려 아랫배에 힘을 잔뜩 줍니다.
- 첫 말을 시원시원하고 자신 있게 뱉으려 노력해 보세요.

- 중간 중간 힘이 빠진다면 새로운 문단이 시작될 때, 혹은 강조하고 싶은 문장을 시작할 때 힘을 다시 끌어오는 거예요.
- 힘을 다시 줄 때에는 들숨을 충분히 마셔서 내 아랫배를 볼록하게 충전해 주어야 합니다.

많은 사랑을 받는 예능 프로그램 MBC 〈나 혼자 산다〉에서 박나래 씨는 바다로 여름 휴가를 떠났습니다. 제대로 된 바다 여행 로망을 실현하기 위해 돗자리, 그늘막, 피크닉 세트 등 알차게 준비를 해 왔고, 화룡점정은 바로 비키니였는데요. 그때도 박나래 씨의 체형은 보기 좋았지만, 여성의 몸매에 특히 혹독한 우리 사회의 기준에서는 다소 과체중이긴 했을 거예요. 하지만 박나래 씨는 "비키니는 기셉니다!"라며 자신 있게 강렬한 비키니를 입고 수영을 즐겼습니다. 이때 많은 분이 쾌감을 느꼈을 거예요. 본인이 자신감 있고 당당하니 보는 사람에게도 긍정적인 감정이 전해지는 거죠. 만약 비키니를 입고서 쭈뼛쭈뼛 민망해했으면 시청자들의 반응도 달랐을 겁니다.

저도 요즘엔 누군가 내릴 정류장을 놓쳐 당황하거나, 말을 했는데도 기사님이 못 들을 때면 배에 힘을 주고 대신 외치기도 합니다. 저 또한 내향인으로서 아주 뿌듯해요. 버스에서 다급히 외치는 일상적인 순간에도 기세가 중요합니다. 머쓱해하고 쭈뼛대면 소리가 작아지고 남들 귀에 잘 꽂히지 않아요. 다음번에 이런 기회가 있다면 '나는 장군이다'라는 마음가짐으로 크게 외쳐 보세요. '나는 말할 거고, 당신은 반드시 들으시오'라는 마음으로 우렁차게요.

 체크 포인트

이제 버스에서 "기사님! 문 좀 열어 주시겠어요?" 하고 외쳐 보세요.

66
부탁하고 제안할 때는
담백하고 당당하게
99

도움받는 연습

하루는 친구와 한 행사에 갔다가 이벤트로 작은 화분을 받았습니다. 친구는 꽃을 키울 여력이 없어 화분을 어떻게 할까 고민에 빠졌죠. 저도 집에 이미 화분이 여럿 있어서 거절할 수밖에 없었습니다. 그렇게 화분을 들고 함께 동네를 걷고 있었는데, 갑자기 친구가 한 가게에 들어가더라고요. 제가 지나가며 '이 가게 사장님이 식물을 잘 키운다'고 소개를 했더니, 그 사장님께 화분을 맡길 수 있는지 부탁하러 가게로 들어갔습니다.

친구는 사장님에게 정중히 몇 마디 건네더니 이내 화분을 드리고 돌아오더군요. 멀리서 보이는 사장님도 웃는 표정이었습니다.

거절이 두려워서 부탁하고 요구하는 것이 서툰 저이기에, 낯선 사람에게 흔치 않은 부탁을 해내는 친구가 멋져 보였습니다. 거기서 건강하게 요청하는 방법에 대한 힌트도 얻을 수 있었죠.

저는 부탁을 들어주는 게 부탁을 하는 것보다 몇 배는 편한 사람입니다. 몸은 고될지라도 마음이 편하죠. 하지만 한자 사람 인(人) 자가 서로 기대고 있는 두 사람을 형상화했듯, 우리는 이미 도움을 주고받으며 살고 있습니다. 타인의 도움 없이 살아가는 사람은 단 한 명도 없을 거예요. 도움을 주고받는 건 우리 인생에 빠질 수 없는 요소입니다.

또한 관계는 상호적이어야 하기에 한쪽만 부탁하고 한쪽은 들어주기만 한다면 그 관계는 불균형해져 서로에게 안 좋은 감정이 쌓일 수도 있어요. 따라서 습관적으로 도움을 주기만 하는 성향이라면 도움을 받는 연습도 해야 합니다.

- 도움을 요청할 때는 깔끔하게, 짧게, 자신 있게 부탁해야 합니다.

- 무언가를 요청하는 것은 상대에게 신세를 지는 것이기에, 예의 바른 태도는 필수입니다.
- 부탁하게 된 맥락과 내용을 정리해 깔끔하게 전달해 보세요.
- "이번에 갑자기 동료가 그만둬서 그런데, 혹시 다음 주 평일에 시간 되면 업무 보조해 줄 수 있어?"
- "가족 일정이 변경돼서 그런데, 미안하지만 우리 여행 일정을 다음 달로 미뤄도 괜찮을까?"

조금씩 쌓이는
인간관계 마일리지

저는 인간관계에 마일리지가 있다고 생각합니다. 누군가 제 부탁을 들어주면 그는 포인트를 적립하고, 다음에 그가 필요할 때 그 포인트를 사용해 언젠가 제게 도움을 요청하면 되는 거라 생각해요. 그러니 부탁할 때 너무 어려워하고 절박해하지 않아도 되는 거죠.

하지만 부탁할 때에도 저자세가 되지 않게 자신감을 느끼는 게 중요합니다. 부탁받는 입장에서 생각해 보면 어떨 때 부탁을 들어주게 되나요? 저의 경우엔 제가 여력이 되고 상대방의 사정이 정말 급하고 절박할 때입니다. 상대방이 얼마나 자신을 낮추고 미안해하는지는 크게 중요하지 않더라고요. 예의와 염치만 갖추고 있다면, "이런 부탁해서 진짜 너무 미안한데…" 같은 말은 사실 의사 결정에 크게 영향을 미치지 않는 겁니다. 오히려 부탁할 때 과도하게 미안해하면 그게 도리어 상대방에게 부담이 되기도 합니다. 게다가 거절하기도 어렵죠.

무언가 제안을 할 때도 당당한 태도를 유지하도록 신경 써야 합니다. 내가 나를 낮춰 제안한다고 해서 상대방이 들어주는 게 아닙니다. 중요한 건 결국 내용이고, 어떨 때는 내용보다도 그 내용을 말하는 화자가 어떤 사람인지가 더 주요할 때도 있거든요. 자신감 없이 자신을 낮춘 모습보다 당당하게 요청하는 그 태도가 점수를 딸 수도 있다는 거죠.

도움을 요청하는 것은 실제로 인간관계의 질에도 도움이 됩니다. 도움을 주는 게 아니라 받는 게 유익하다니, 조금 의아하신가요? 그런데 실제로 도움을 준 사람이 도움을 요청한 사람에게 호감을 느끼게 된다는 것을 밝혀 낸 연구도 존재합니다. 이를 '벤저민 프랭클린 효과'라고도 하는데요. 내가 도움을 줘 놓고도 그 사람을 싫어하면 도움을 준 내 행위가 무가치해지므로, 그 사람을 좋아하도록 내 머릿속에서 일종의 속임수를 쓰는 거죠.

　여러분도 그렇지 않나요? 누군가를 도울 수 있다는 상황이 보람차고 기쁘잖아요. 이제 도움을 요청하는 그 마음이 조금 더 가벼워지면 좋겠습니다.

 체크 포인트

이제 부탁할 일이 생겨도 "죄송한데…"라는 말은 멈춰 보세요.

66

짚을 것은
그때그때 짚어야 해요

99

정면 돌파하기

위축된 화자는 자신감이 부족하다 보니 정작 해야 할 말을 못할 때가 많습니다. 속내를 솔직히 밝히는 것을 어려워하고, 의사 표현에도 소극적이죠. 그리고 또 하나 '이것'에도 어려워합니다. 바로 정면 돌파입니다. 어렵고 껄끄러운 이야기를 꺼내는 용기가 부족하죠. 이번 글에서는 '정면 돌파 말하기'에 대해 이야기해 보고자 합니다.

말하기 껄끄러울 때가 있죠. 뭔가 우려된다거나, 부정적인 이야기를 해야 하는 상황이라거나, 계속해서 무언가를 체크해야 할 때면 쉽사리 말이 튀어나오지 않습니다. 아무래도 마음에 부담이 커서 그렇겠죠. '내가 이 말을 꺼내면 속물처럼 보이진 않을까?', '너무 까다로워 보이진 않을까?', '나를 안 좋게 보면 어떡하나…' 여러 생각이 마음을 스치죠.

저도 그랬습니다. 프리랜서로 일하다 보면 어쩔 수 없이 여러 일이 꼬리에 꼬리를 물며 생겨나곤 하는데요. 예를 들어 내레이션 녹음 의뢰를 받으면 비용, 기한을 협의해야 하고, 작업물이 원하는 톤에 부합하는지 확인해야 합니다. 어디까지 가능하고, 무엇이 불가능한지 경계도 명확하게 세워야 하죠. 처음에는 저도 이 모든 과정에 부담이 컸습니다. 특히 저처럼 회피적인 성향이 있는 분들은 불안하거나 두려운 상황을 직면하기가 어려워 어물쩍 넘어간 경우도 많았을 거예요. 뒤늦게 더 고생할 뿐이죠.

한번은 녹음할 일이 있었어요. 먼저 톤을 자세히 체크하고 협의 후에 녹음을 진행했으면 더욱 순탄했을 일을, '에이… 설마… 괜찮겠지' 하며 조금 찝찝한 느낌을 모른 체했다가, 뒤늦게 통으로 재녹음을 한 경우도 있었죠. '이것까지는 어렵다', '이 기한까지는 힘들다' 같은 아쉬운 소리 하는 것도 힘들어 꾸역꾸역 진행하다가 괜히 스트레스만 받고 남 탓을 하기도 했습니다. 그렇게 몇 년이 지나다 보니, 말을 할 때에도 정면 돌파가 필요할 때가 있다는 것을 깨달았어요.

- 대충 넘기거나 에둘러 말하면 오히려 호미로 막을 것을 가래로 막게 되기 때문에, 부담스럽고 무언가가 두렵더라도 그때그때 짚을 것은 그 즉시 꼼꼼히 짚어야 합니다.
- 이는 유비무환의 자세로도 이어질 수 있습니다.
- 마음에 걸리는 게 있음에도 애써 모르는 체 넘기면 꼭 우려했던 상황이 발생해서 뒤탈이 생기더라고요.
- 그러니 "혹시 ~가 맞을까요?", "~한 상황인데 괜찮으실까요?"라고 미리미리 확인하는 습관을 들이세요.

확실하게 짚고
불필요한 감정 소모를 줄이세요

돈 이야기를 어려워하는 분들도 많습니다. 저 또한 그랬어요. 비용을 언급하는 게 늘 쉽지 않았죠. 먼저 말을 꺼내면 속물 같아 보일 것 같고, 내 진정성이 의심받을 것 같다는 생각도 했죠. 하지만 가치를 돈으로 매기는 자본주의 사회에서 사실 우리는 돈 얘기를 더 자연스럽게 할 줄 알아야 합니다. 특히 저 같은 프리랜서의 경우, 내가 제공하는 재화나 용역에 적절한 값을 매겨 정확히 전달하는 일은 내 가치를 스스로 인정해 주고 드높이는 것과 같으니까요.

저도 몇 년간 시행착오를 겪은 후 돈 얘기는 확실하게 꺼내려 노력하는 편입니다. 예를 들어 지인이 저에게 결혼식 사회를 의뢰한다면, 친분이 있어 돈 얘기를 꺼내기 조금 어색하죠. 그러면 저는 상황을 지켜보다 먼저 말을 꺼냅니다.

'요청해 줘서 정말 고마워. 나는 지금 사회료는 ○○원을 받고 있는데, 미리 알리는 게 좋을 거 같아 말 꺼내 봤어.'

이렇게요. 그러면 지인들도 주로 먼저 얘길 꺼내 줘서 고맙다고 반응합니다. 부탁하는 입장에서 금액을 묻기가 어려웠기에 제가 먼저 꺼낸 게 마음을 오히려 편하게 해 주는 거죠. 이렇게 확실히 짚고 감으로써 오해나 불필요한 감정 소모를 미리 방지할 수 있습니다.

이때 다음의 연결 문장들을 사용하면 좋습니다.

- '조바심에 여쭤 보는데요.'
- '미리 알려드리는 게 나을 것 같아 말씀드리는데요.'

이렇게 말하고 용건을 꺼내면 듣는 입장에서도 한층 조심스럽고 정중하게 느낄 수 있습니다. 그러니 부담이 느껴지더라도 꼭 해야 할 말은 그때그때 잘 꺼내 보세요. 일할 때도, 일상의 장에서도 꼭 필요한 자세입니다.

💬 **체크 포인트**

말하기 부담스러워서 피했던 것이 있다면 "혹시 몰라서 말씀드리는 건데" 하고 짚어 보세요.

"

'척'을 계속하면
정말 그렇게 됩니다

"

당당함 연기하기

무대 위에서 당당하고 열정적으로 말하는 연사를 보면서 '어쩌면 저렇게 떨지도 않고 말을 잘할까?' 하고 부러움 섞인 궁금증이 들었던 적 있으실 겁니다. 그분들은 무대 체질을 타고나신 걸까요? 저는 확신합니다. 정말 소수의 몇몇을 제외하고 그 누구도 처음부터 그러진 않았을 거라고요.

저는 발표를 좋아하는 아이였습니다. 외향적이진 않았지만, 관심받는 걸 은근히 즐기는 편이었던 것 같아요. 이런 관심사가 이어져서 아나운서를 지망하고, 방송인이 되어 말하는 걸 업으로 삼게 되었죠.

하지만 이런 저도 사람들 앞에서 당당하게 말하는 게 마냥 쉽지는 않았습니다. 일단 무척 떨리고요. 긴장되니 말이 빨라지고 호흡이 가빠지곤 했죠. 방송국 근처에 있는 스피치 학원에서 일할 때도 대여섯 명의 학생 앞에 서는 게 무척이나 긴장되곤 했습니다. 라이브 커머스 방송을 처음으로 했던 날에는 온몸에 땀이 흥건해서 곤란할 정도였죠.

이처럼 많은 이들의 시선을 받으며 정해진 시간을 내가 채워간다는 건, 대부분 사람에게 정말 부담스럽고 힘든 일입니다. 그러니 발표가 어렵고, 남들 앞에서 말하기가 버거운 건 정말 자연스러운 일이에요. 아무렇지 않아지기는 어쩌면 불가능할지도 모릅니다.

그러면 포기해야 할까요? 그렇지 않습니다. 아무렇지 않은 건 어렵지만, 아무렇지 않은 척하는 건 가능하거든요. 그렇습니다. 연기하면 돼요. 당당함을 연기하고, 긴장되지 않은 척, 평온한 척, 여유로운 척 연기를 하는 겁니다.

잠시 드라마 이야기를 하나 할까 해요. 김남주 씨가 아나운서 역할로 분한 JTBC 드라마 〈미스티〉 이야기인데요. 저는 홀로 떠난 여행지에서 이 작품을 정주행하다 뜻밖의 수확을 얻은 적이 있어요. 늘 어렵게만 느껴지던 뉴스 리딩, 시사 내레이션 톤을 드디어 찾을 수 있었는데요. 드라마 내내 나오는 김남주 씨의 아나운싱을 들으며 따라 하다 보니 감을 찾은 겁니다.

그 전까지 저는 밝거나 감동적인 내레이션은 잘하는 편인데, 심각하고 진지한 리딩은 영 어떻게 읽어야 할지 감이 안 와 난항을 겪었습니다. 음높이, 끊어 읽기, 어미 처리 등에 신경을 쓰면서 아무리 연습을 해도 그 느낌이 안 살았죠. 그러다 아나운서의 느낌을 잘 구현해 내는 베테랑 연기자 김남주 씨 덕에 깨달았던 겁니다. 저에게 부족했던 게 아나운서 특유의 지적이고 자신감 있는 '분위기'였다는 것을요.

'연기란 슬픔, 기쁨 같은 어떤 '감정'에만 국한된 게 아니라, 당당하고 소신 있는 '분위기'까지도 포괄하는 거구나, 연기로 분위기를 연출할 수 있구나, 중요한 건 분위기구나…!'

그 후로 저는 내레이션을 할 때 원고의 전반적인 정서를 파악한 후 분위기를 잡고 읽게 되었고, 덕분에 실력이 많이 늘 수 있었어요. 일종의 연기를 하는 거죠.

당당한 분위기는 타고난 사람만 할 수 있는 게 아니에요. 속으로는 떨리고 긴장되고 식은땀이 흐르고 있을지라도, 겉으로는 얼마든지 당당한 느낌을 연출할 수 있어요. 이때 특히 신경 써야 하는 부분은 뱃심, 표정, 자세입니다.

분위기를 결정 짓는
외적인 요소들

우선 아랫배에 힘을 주어야 당당함을 표현할 수 있어요. 만화 〈드래곤볼〉에 나오는 에너지파처럼 나의 에너지를 청중에게 쏘아 보낸다는 느낌으로 힘을 줘서 말을 해야 합니다.

특히 첫인사가 정말 중요해요. 첫인상을 결정짓는 부분이자, 내 말이 어떤 느낌으로 흘러갈지를 결정짓는 첫 단추죠. 심장이 미친 듯이 떨리고 당장 쥐구멍에라도 숨고 싶지만, 그 마음을 숨기고 인사만큼은 여유롭고 당차게 "안녕하세요, 반갑습니다"라고 해 보는 거예요. 해요체 말투가 덜 성숙한 것 같다면, "안녕하십니까!"로 연습해도 좋겠죠. 인사 파트만 따로 연습을 여러 번 해 보시기를 바랍니다. 힘 있고 당당한 버전으로 하는 거예요.

- 총기 있는 눈, 은은함을 머금은 미소가 필요합니다.
- 눈에 힘을 주어야 합니다. 광대를 살짝 들어 올린다는 느낌으로 살짝 웃어 보세요.
- 입술 양 끝만 억지로 올리는 게 아니라 광대를 든다는 느낌이어야 자연스러운 미소가 나와요.

눈은 '나'를 드러내는 창문과도 같기에 눈에 주는 힘이 결국에는 내 존재감을 만들어 냅니다. 어렵다면 아나운서들의 프로필 사진을 참고해 보세요. 무표정도 아닌 은은한 미소가 특징적입니다. 그 와중에 총명한 눈빛은 잃지 않았죠.

- 어깨가 구부정하지 않게, 목이 너무 앞으로 빠지지 않게 해야 합니다.
- 어깨를 뒤로 반 바퀴 돌려 날개뼈를 모아 준다는 느낌으로 어깨를 펴 주세요.
- 너무 좁지 않게 다리를 자연스럽게 벌려, 코어와 엉덩이 근육에 힘을 주어 반듯하게 서야 합니다.

자세만 반듯해도 이미지가 확연히 달라져요. 발표할 일이 있다면 꼭 영상으로 미리 찍어서 확인해 보길 추천해 드립니다. 당당한 연사들을 보고 그들의 표정과 자세, 말투, 분위기를 모방하는 것도 좋은 방법입니다. 의상과 스타일도 참고해 보면 좋습니다. 처음에는 내 것 같지 않지만, 할수록 내 몸과 입에 붙을 거예요. 그들도 처음부터 그렇게 멋지고 당당하진 않았을 것을 꼭 기억하세요. 지금 여러분이 계신 그곳이 시작점입니다.

💬 **체크 포인트**

낯선 사람을 만날 기회가 있을 때 '당당한 버전'의 나를 한번 꺼내 보세요.

당신의 발표는
무대 위의 퍼포먼스입니다

무대에서 장치 쓰기

왜 어떤 사람이 발표할 때는 시간 가는 줄 모르고 듣게 되고, 어떤 사람이 발표할 때는 시계만 자꾸 보게 될까요? 전자의 경우 타고난 이야기꾼이나 재주꾼일 수도 있지만, 사실 청중의 관심을 끌어당기려고 노력하는 사람일 수도 있습니다. 내용을 전달하는 데 그치지 않고, 이걸 어떻게 흥미롭게 전달할지, 지루하지 않게 시간을 끌고 갈지 고민을 하는 거죠.

저는 발표자, 강의자가 스스로 '퍼포머'라고 인식하는 게 필요하다고 생각합니다. 마치 무대에서 노래하는 가수나 댄서, 스탠드업 코미디언들처럼 말이죠. 퍼포머라는 마인드가 있으면 내 할 말만 줄줄 하는 게 아니라, 시간을 더욱 알차게 채우기 위한 노력을 하게 되죠. 더 재밌게, 더 집중되게, 더 관심이 생기게끔 만드는 겁니다.

구체적으로 어떤 방법이 있는지 살펴보기 전에 저의 대학 시절 교수님의 교수법을 소개하고 싶어요. 저는 사회학과 심리학을 전공했지만, 교육학에도 관심이 있어서 관련 과목을 몇 개 들었는데요. 그중 한 교수님의 수업이 특히 재밌고, 75분이라는 수업 시간이 짧게만 느껴지더라고요. 어느 날은 유심히 관찰을 해 보았습니다.

교수님은 다양한 장치를 활용하셨습니다. 그는 우선 수업 시간에 이리저리 걸어 다닙니다. 그러면 다른 먼 곳에 있는 학생들은 긴장이 풀어지다가도 교수가 다가오면 다시 집중하게 되죠. 때로는 발을 구르면서 주의를 환기하기도 했어요. 예상치 못하는 순간에 발을 쿵 구르면서 중요한 개념을 설명해 주면 귀에 쏙쏙 꽂혔죠. 음성적으로도 강점이 많아서, 가느다란 톤을 냈다가, 묵직한 톤을 냈다가, 빨리 말했다가 천천히 말하는 등 음성 변주도 다채로웠습니다.

교수법에 통달한 이 교육학 교수님의 스킬에 어떤 공통점이 있나요? 바로 예측 불가능하다는 점이죠. 한곳에 서 있지도 않고, 말투가 일정하지도 않고, 갑자기 발을 구르기도 하고요. 이런 예측 불가능성이 말하기를 덜 지루하게 만듭니다. 예측 불가능한 요소를 중간중간 넣어야 한다는 뜻이에요. 청중의 집중도와 피로도를 잘 고려해서 알맞게 환기하는 요소를 넣는 거죠.

저도 강의를 할 때면 예측 불가능함으로 청중을 집중시키려 노력합니다. 무대 좌우를 오가기도 하고, 갑자기 말을 멈추기도 하고, 불현듯 청중에게 질문을 던지기도 하고요. 어떨 때는 흥미로운 사담을 불쑥 꺼내기도 하고 뜬금없이 목소리 연기를 하기도 해요. 그러면 지루해질 틈 없이 청중의 흥미를 유발할 수 있습니다.

누구든 맡은 무대 위에서는
책임을 다해야 합니다

퍼포머로서 자신을 인식하는 건, 결국엔 책임을 다한다는 것입니다. 특히 여러 청중 앞에서 말한다는 건, 그 머릿수만큼의 소중한 시간이 나에게 쓰이고 있다는 뜻이잖아요. 책임을 다한다는 마음으로, 어떻게 더 잘 해낼 수 있을지 고민하고 정성을 들이는 태도가 중요합니다. 정성을 들인 만큼 청중의 반응도, 강연 성과도 당연히 달라집니다. 강연과 발표를 더욱 흥미롭고 덜 지루하게 만드는 방법들을 알아보겠습니다.

- 동작: 무대 위에서 이동하기, 발 굴러 소리내기, 손뼉치기.
- 표정: 돌아가며 여러 곳에 눈 맞추기, 표정 연기하기, 과장해서 표정 짓기.
- 음성: 퍼즈 주기(멈추기), 톤 높이거나 낮추기, 목소리 바꾸기, 완급(말 빠르기) 조절.
- 내용: 질문 던지기, 갑자기 흥미로운 사담 꺼내기.

발표할 일이 있다면 한번 이동을 해 보세요. 좌로 갔다 우로 갔다, 좀 더 앞으로 다가갔다 뒤로 갔다, 이렇게요. 남들이 나를 보는 상황에서는 동작이 부담스러울 수도 있지만, 그럴수록 훈련 효과가 더욱 좋습니다. 용기를 내서 실천해 보면, 내가 다가갈 때마다 근처 청중의 집중도가 높아지는 것이 느껴질 거예요.

여건이 된다면 발표 자료를 활용하는 것도 좋겠죠. 적절한 때에 사진을 띄워 환기하거나, 음성 자료를 사용하거나, 음악을 쓴다거나 하는 식으로요. 분명 멀뚱멀뚱 서서 단조롭게 이야기하는 것보다는 훨씬 좋은 효과를 얻을 수 있을 거예요.

● 체크 포인트

말에도 밀당이 필요합니다. 청중을 밀고 당기는 퍼포머로 거듭나 보세요.

66

당당하게 서서
레이저 쏘듯 보세요

99

자세와 눈빛 교정하기

커뮤니케이션 연구로 지금도 회자하고 있는 미국의 심리학자 앨버트 메라비언은 비언어적 요소가 화자에 대해 어떤 영향을 미치는지 연구했습니다. 그 이후 '메라비언 법칙'이 널리 알려졌는데요. 우리가 말을 하는 누군가를 평가할 때, 그의 비언어적 요소에 영향받는 정도가 무려 93%에 달한다고 해요.

구체적으로 말하자면 38%는 목소리 톤, 55%는 표정이었고요, 말의 내용 그 자체로 받는 영향은 7%에 불과했다는데요.

물론 연구의 설계상 한계가 있고, 특정 경우에 한정 지어 해석해야 한다고도 하지만, 아마 우리 대부분 귀에 들리고 겉으로 보이는 요소가 큰 힘을 발휘한다는 데에는 어렵지 않게 동의할 수 있을 겁니다.

즉 말의 내용이 아무리 좋아도 말하는 음성이나 태도가 좋지 않으면 좋은 효과를 거두기 어렵다는 건데요. 실제로 스피치 수업을 진행하다 보면, 자신감이 부족한 분들은 음성도 힘이 약할뿐더러 대체로 자세부터가 다릅니다. 보폭은 좁고 상체는 구부정하죠. 손짓하려 해도 어정쩡, 시선도 산만하고 고개를 지나치게 흔들거나 경직된 상태입니다.

불안정한 태도는 신뢰를 떨어뜨리고 보는 사람도 불안하게 만듭니다. 몸과 마음은 밀접하게 연결되어 있어 몸이 흔들리다 보면 마음도 더더욱 흔들리게 되죠.

그렇기에 우리는 반듯한 자세를 만들고 힘 있게 움직일 줄 알아야 합니다. 우선 자세를 교정하기 전에 먼저 나의 약점을 파악해야겠죠. 현대인이라면 누구나 거북목과 라운드 숄더 증상이 있습니다. 틈틈이 스트레칭을 하거나 요가, 필라테스를 수련해서 꼭 고치는 것이 좋습니다. 몸에도 좋을뿐만 아니라 상대에게 반듯한 인상을 줄 수 있어요.

저도 라운드 숄더가 심해서 처음 요가 수업에 갔을 때 날개뼈를 모으는 게 대체 뭔지 전혀 몰랐는데요. 꾸준히 연습하다 보니 다행히 어깨가 많이 펴지더군요. 척추 정렬, 코어 강화, 라운드 숄더, 거북목 관련 영상을 보면서 내 몸의 정렬도 잘 챙겨 주세요.

- 휴대폰을 거치하고 자신을 촬영해 봅니다. 눈앞에 10명 정도 청중이 앉아 있다고 생각하고 아무 주제로 2, 3분 정도 발표를 해 보세요.
- 아마 상체를 앞으로 구부정하게 숙이고 있을 가능성이 큽니다. 날개뼈를 모은다고 생각하고 말린 어깨를 펴 주세요. 그리고 정수리가 길어진다는 느낌으로 상체를 반듯하게 펴 줍니다. 힘을 단단히 주고 몸의 정렬을 바로 세워 줍니다.
- 측면에서도 촬영을 해 보세요. 상체에 관해서 신경 써야 할 또 다른 부분은 흔들림입니다. 생각보다 많은 분이 말할 때 상체를 산만하게 쓰는데요. 좌우로 흔들거리거나 앞뒤로 왔다 갔다 하기도 하죠.
- 코어에 힘을 단단히 주고 내 몸통이 나무의 기둥이 된 것

처럼 고정해 주세요. 시선에 따라 자연스럽게 움직이는
정도면 충분합니다.

자세만큼 중요한
눈빛 처리

그리고 시선이 아주 중요한데요. 일대일 대화에서뿐만 아니
라 다수를 향해 말할 때도 눈 맞춤이 수반되어야 메시지를 제
대로 전달할 수 있습니다. 레이저를 떠올려 보세요.

- 먼저 청중을 구획하여 왼쪽, 중앙, 오른쪽 세 부분 정도로
  나눠 주세요.
- 그 부분들에 공평하게 레이저를 쏘듯 시선을 옮겨 주는
  거예요.

레이저라고 표현하는 건 시선을 진득하게 보낼 줄 알아야 하
기 때문입니다. 물론 규모가 커지면 일대일 눈 맞춤이 어렵긴
하겠지만, 그래도 어정쩡하지 않게 시선을 확실하게 보내야 합
니다. 그래야 시선을 두는 시간도 안정적으로 확보할 수 있습

니다. 시선을 안정적으로 분배하면 청중의 집중력도 높일 수 있어요. 나에게 시선이 와야 약간의 긴장을 할 수 있기 때문이죠. 만약 무대를 쓴다면 적당히 좌우로 움직이면서 마치 콘서트를 하는 가수가 "2층 소리 질러!"라고 하듯 여러 구역에 골고루 분배해 주는 게 좋습니다.

마지막으로 제스처를 취하는 팔과 손도 중요합니다. 저는 춤을 좋아해서 종종 배우러 다니기도 하는데요. 어떤 장르든 간에 '손끝'이 중요하다고 강조합니다. 힘을 손끝까지 보내야 완성도가 높아지고 전체적인 인상이 깔끔해지죠. 스피치 학원에 다니면 이 제스처 훈련도 하는데요. 단순히 어떤 제스처가 있는지 배우는 것뿐만 아니라 그 제스처를 취할 때 손끝까지 확실히 펴는 훈련을 합니다.

... 체크 포인트

제스처를 취할 땐 겨드랑이는 띄우고, 손끝까지 힘을 주세요. 자세에서 모든 에너지가 나옵니다.

66

가끔은 나를 위해 필요한
수신 거부 모드

99

자극으로부터 방어하기

오늘따라 사무실 분위기가 꽁꽁 얼어붙었습니다. 부장이 툭 하면 언성을 높이며 부하 직원들에게 짜증을 내고 있는데요. 여러분은 이럴 때 어떤가요? 그러든 말든 신경 안 쓰고 싶지만, 사실 마음의 더듬이가 온통 부장에게로 향하지는 않나요?

아무래도 마음이 잘 위축되고 쪼그라드는 분 중에는 기질적으로 민감한 분들이 많을 수 있습니다. 타인을 잘 살피고, 작은 변화에도 예민하다 보니 그만큼 영향을 많이 받아 마음이 흔들리는 건데요.

'민감함'은 최근 심리학에서 연구가 활발히 이뤄지고 있는 인간의 고유 기질로, 감각이 섬세하고 민감한 정도를 말합니다. 우리나라에서는 민감함이 다소 부정적인 뉘앙스로 쓰일 때가 많지만요. 저 또한 민감성 측정 테스트를 해 보면 점수가 높게 나올 정도로 꽤 민감한 성향인데요. 미국의 민감함 분야 연구자 일레인 아론은 《타인보다 더 민감한 사람》에서 이렇게 말했습니다.

"이 특성은 강한 자극에 단점을 드러낸다. 대부분 사람에게는 적당한 긴장감을 주는 것이 매우 민감한 사람들에게는 강력한 긴장감을 유발한다. 대부분 사람이 강한 긴장을 느낄 때 매우 민감한 사람들은 기진맥진하며 심하면 탈진해 버린다."

만약 평소 사소한 변화를 잘 알아차리고, 주변인의 표정 변화에도 민감하고, 주변 기류가 바뀌는 걸 빠르게 인식하는 편이라면 방패를 세우듯 타인의 부정적인 감정이나 무례한 태도에 '수신 거부 모드'를 해 놓는 게 필요합니다. 상대방이 어떤 감정을 보내든 받지 않기로 결단하는 거죠.

상사가 몸 상태가 안 좋아 보이고 자꾸만 짜증을 낸다면 단순히 몸이 피곤해서 예민할 걸 수도 있고, 아침부터 부부싸움을 하고 온 걸 수도 있죠. 나와는 무관한 일일 수 있습니다.

내 잘못은 내 탓
네 잘못은 네 탓

그런데 쉽게 위축되는 이들의 문제는 나와 무관한 일들에도 '내 탓'이라고 생각한다는 겁니다. 동료가 오늘 표정이 안 좋은 것도, 팀 프로젝트가 잘 진행이 안 되는 것도 나 때문인 것 같죠. 내가 잘못해도 자책을 지나치게 하는데, 남의 일도 내 탓이라고 여기니 얼마나 삶이 고단하겠어요. 하지만 이 또한 망상의 일종이라고 할 수 있습니다.

설령 상사가 짜증 내고 화를 내는 게 정말로 나 때문일지라도, 굳이 내가 그 감정을 오롯이 받아들이지 않아도 됩니다. 불만 사항이 있으면 적절히 표현하는 게 성숙한 태도죠. 의사를 정확히 전하지 않으면서 짜증만 내고 괴롭히는 미성숙한 태도엔 내가 반응할 가치가 없습니다. 그 사람의 이슈인 거죠.

내가 잘못한 부분은 받아들이되 과한 언사, 무례한 워딩, 격한 감정 등은 자체적으로 필터링하는 겁니다. 누군가 나에게 쓰레기를 줬는데 내가 안 받으면 그 쓰레기는 그 사람 것이라는 이야기도 있잖아요. 물론 지적과 비판에 편안할 수 있는 사람은 적죠. 영향을 받지 않으려 해도 그 사람의 표정, 한마디 한마디가 비수처럼 날아와 꽂히기도 합니다.

이때 도움이 되는 방법은 이 상황을 한층 멀리서 바라보듯 '이 사람은 왜 이렇게 행동을 할까?'에 골몰해 보는 거예요.

- 타인에게 무례하게 굴고 감정적으로 과한 이들은 대체로 내면의 문제를 가진 사람입니다.
- 자존감이 낮거나 열등감이 커서 작은 일에도 화를 크게 내고, 감정적으로 서툴게 반응을 하죠.

일상에서도 마찬가지예요. 만약에 나와 만난 지인이 유독 표정이 어둡고 말도 잘 안 건다면, 자동으로 '뭐지? 내가 뭐 잘못했나?'라고 생각하기 쉽죠. 하지만 그렇게 흘러가는 사고의 흐름을 단호하게 끊을 필요가 있습니다. 뭐라도 잘못한 양 쭈뼛거리거나 눈치 보지 말고, 영 신경 쓰이면 차라리 "혹시 무슨 일 있어?"라고 대놓고 물어 보세요. 혼자 전전긍긍하는 것보다 훨씬 낫습니다.

나에게 서운함이 있었던 게 맞더라도 바깥으로 끄집어내면 불안이 줄어듭니다. 휴대전화만 아니라 나의 감각에도 '수신 거부' 모드 해 놓기! 잊지 마세요.

💬 **체크 포인트**
타인의 무례함은 무시하고 반송하세요. 적절한 비판만 수용하세요.

66

무례한 사람에게
성숙하게 받아치는 법

99

무례함에 반격하기

한 변호사가 TV에 나온 적 있습니다. 본인이 변호를 맡은 형사 재판이 끝나고 형이 내려졌지만, 범죄 피의자가 바로 구속되지는 않은 상황이었는데요. 이런 경우 재판이 끝나면 피의자가 별도의 문으로 나가는 게 아니라 재판장 문을 열고 다른 사람들과 함께 퇴장한다고 합니다.

그런데 이 짧은 시간에, 재판 결과나 변호에 불만이 있는 피의자가 종종 변호사에게 위협적인 말을 한다고 해요. 그날도 피의자가 거친 말투로 "다음에 봅시다"라고 말했다는데요. 죄질이 나쁜 피의자가 이런 말을 하니 얼마나 두려웠겠어요. 하지만 이 변호사는 '질 수 없다'는 생각에 쫓아가 이렇게 말했다고 합니다.

"어디서 볼 건데?"

정말 대단하지 않나요? 이렇게 잘 받아치는 분들을 보면 참 부럽기도 합니다. 싸움의 기술이 부족한 저이기에 타고난 배포로 순발력 있게 반격하는 분들이 참 대단하게 느껴질 때가 많아요. 저는 아무 말도 못 하고 어버버하다가 타이밍을 놓치고, 용기 내어 반격하려는데 눈치도 없이 눈물이 왈칵 난다거나 하는 흑역사도 꽤 있었거든요.

하지만 부단한 노력과 실습을 거쳐 지금은 무례한 말에 받아칠 수 있는 수준에 이를 수 있었는데요. 받아치는 것이 어려운 분들에게 도움이 될 방법들이 있습니다. '일시 정지'와 '줌 아웃(zoom-out)'입니다.

기술을 본격적으로 알아보기 전에 무례한 사람들의 특성을 먼저 살펴보겠습니다.

첫째, 기분이 태도가 됩니다.

짜증 나거나 화가 날 수는 있는데, 그걸 전혀 숨기지 않고 드러냄으로써 분위기를 망치고, 상대방이 자신의 눈치를 살피게끔 만듭니다.

둘째, 판단적이고 날카로운 표현을 사용합니다.

"왜 항상 이렇게 뭔가를 놓쳐요?", "왜 이렇게 감각이 뒤처졌어요?", "무슨 생각으로 이딴 식으로 썼어?" 하고 비판이 아니라 비난을 하는 거죠.

셋째, 인격적으로 무시합니다.

사람들이 옆에 다 있는데 대놓고 한숨을 쉰다거나 인사를 못 본 체하죠.

이는 모두 상당히 미성숙한 행동들입니다. 그들은 상대를 위축시키는 방법을 제대로 알고 있는 것 같아요. 자기 검열을 하게 만들고, 자존감을 떨어뜨림으로써 멘탈이 약한 사람들을 마음대로 휘두르죠. 이제부터는 우리도 받아쳐 보는 겁니다. 먼저 '일시 정지'입니다.

상대의 미성숙함을
성숙함으로 받아치세요

- 상대방이 나에게 마구 쏘아 대는 말들에 휘둘리던 상황을 멈춰 보세요.
- 그리고 차분하게 상황을 인지한 후, 내 상태가 어떤지 살펴보세요.

짜증스러운 목소리에 겁먹진 않았는지, 나를 공격하는 말에 나도 모르게 수긍하며 주눅 들진 않았는지 말입니다. 만약 그랬다면, 정신을 차리고 무례한 사람이 쳐 놓은 덫에 빠지지 않도록 합니다. 자신을 의심하지 마세요. '내가 주눅 들길 바라서 하는 말이야. 정신 차리자' 하고 흐름을 깨 주는 거예요.

그다음은 줌 아웃입니다.

- 내가 처한 상황을 조금 더 큰 틀에서 바라보는 거예요.
- 상대방이 내뱉은 말의 내용이 아니라, 그 말을 뱉는 태도나 맥락에 집중해서 짚어 보세요.
- "그런데 왜 이렇게 언성을 높이세요?", "왜 화를 내세요?", "근데 왜 사람들이 다 있는 데서 말씀하시는 거예요?"

무례한 사람 중에는 공격적 언변이 뛰어난 사람들이 많아서 그 논리에 휘말리면 대응이 어려울 수 있습니다. 그러니 조금 더 거시적인 관점에서 받아치는 게 낫습니다. 상대방의 허를 찌르는 발언이 되어 당황하게 하는 효과도 있고요.

- 상대방의 말이 나에게 어떻게 다가왔는지 부연 설명을 하는 것도 좋습니다.
- '나 화법'으로 '나'를 주어로 차분하게 나의 감정과 감상을 표현하면 됩니다.
- "갑자기 화를 내서서 저도 좀 당황스럽네요.", "이미 지난 일이고, 제가 다 수습을 했는데 이렇게 공개적으로 또 이야기를 꺼내시니 당황스러워서요."

무례함에 무례함으로 대응하면 이 또한 그의 페이스에 휘말리는 것입니다. 혹시나 상대방이 도가 지나치면, "소리 지르지 마세요", "욕하지 마세요" 등 하면 안 되는 행동을 구체적으로 지시해도 좋습니다.

물론 아무래도 회사나 공적인 장소에서는 '왜 화를 내냐'처럼 감정에 집중하는 게 무리일 수도 있습니다. 이럴 때는 "목소리 조금만 낮춰 주시면 좋겠습니다", "그건 조용한 데서 따로 말씀하시는 게 좋겠습니다" 정도로 에둘러 말하는 것도 방법입니다.

설령 내가 일하다 실수를 했거나 잘못한 상황이더라도 무례함까지 감수할 의무는 없습니다. 지적받고 안 좋은 소리를 들을 순 있겠지만, 그게 선을 넘으면 저지할 줄 알아야 합니다. 스스로 선을 긋지 않으면 점점 더 쉬운 먹잇감이 될 뿐이에요.

받아칠 때는 표정과 목소리도 아주 중요합니다. 잔뜩 주눅 든 표정과 작은 목소리로 말하는 게 아니라, 말하기 코어에 힘을 단단히 주고 눈빛에도 흔들림이 없어야 합니다. 이는 물론 쉽지 않습니다. 특히 상대방이 나보다 지위가 높은 사람이라면, 받아친다는 것 자체가 부담스러울 수도 있고요. 하지만 무례한 사람이 자존감을 갉아먹게 두어서는 안 됩니다. 마냥 만만한 사람이 아니라는 걸 꼭 드러내 주세요.

흔히 공격성을 나쁘다고만 생각하죠. 특히 '나는 착해야 한다'는 압박을 느끼고 있다면, 받아치는 스스로에 대해 죄책감을 느낄 수도 있습니다. 하지만 나의 경계를 지키기 위해, 나와 타인의 권리를 지키기 위한 적절한 공격성도 필요합니다. 미국의 상담가 몰리 하워드는 이렇게 말했습니다.

"건강한 공격성은 우리의 경계를 만들어 주며 위협적인 상황에 힘 있고 명확하게 대응할 수 있게 해 주며, 나아가 나와 타인에 대한 연대감을 유지할 수 있게 해 주는 것이다."

건강한 공격성은 나에 대한 최소한의 존중이자, 나와 타인의 기본적인 권리를 지키게 해 준다는 의미에서 연대감의 기반이 되기도 합니다. 그 첫걸음인 받아치기 전략을 기억하고, 꼭 실전에서 활용해 보세요.

 체크 포인트
무례한 사람이 나를 깎아 먹게 두지 말고, 마냥 만만한 사람이 아니라는 걸 꼭 드러내 주세요.

☺ 상대가 무슨 말을 하면 있는 그대로 받아들이세요.
   과도하게 타인을 신경 쓰다 보면 관계 사고로 번집니다.

☺ 감정을 쌓아 두면 먼지처럼 마음 한구석에 차곡차곡 쌓입
   니다.
   거절하고, 나를 챙기고, 티 내고, 생색낼 줄 알아야 합니다.

☺ 저자세를 자처하며 눈치를 보면 상대도 나를 그렇게 인식
   합니다.
   나를 위축시키는 사람 앞에서는 도리어 더 기운차게 행동해
   보세요.

☺ 부탁과 제안을 할 때는 예의만 있으면 충분합니다.
   나를 저자세로 낮출 필요는 없습니다.

☺ 힘든 말일수록 필요한 순간에 할 줄 알아야 합니다.
   불필요한 시간과 돈과 감정을 낭비하지 마세요.

☺ 잘하는 척도 계속하다 보면 어느새 나의 새로운 모습이 됩
   니다.

☺ 무대 위에서는 모든 것이 평가의 대상입니다.
청중을 밀고 당기는 방법을 연구하세요.

☺ 불안정한 태도는 신뢰를 깎고 상대까지 불안하게 만듭니다.
말도, 행동도, 시선도 모두 신경 쓰는 연습을 해 보세요.

☺ 상대의 잘못까지 내 탓으로 돌릴 필요는 없습니다.
문제를 객관화하고 멀리서 보는 연습을 해 보세요.

☺ 무례한 사람에게 적절히 받아칠 줄도 알아야 합니다.
건강한 공격성을 길러 보세요.

마음을
움직이는
대화의 기술

말 잘하는 사람들은 끌려다니지 않습니다

기세를 단단하게 세워 올렸더라도 말투와 습관이 예전에 머물러 있다면, 기세가 잘 나오려다가도 막히기 마련입니다. 자신감이 있어도 말끝을 흐리는 습관이 여전하다면, 표면적인 큰 변화로 드러나기는 어렵죠.

이번 장에서는 실질적인 대화법과 소통법에 관해 이야기해 보려 합니다. 당당함이 상대에게 전해질 수 있도록 나의 말하기를 다듬으려 해요.

점잖은 태도를 갖추고 아나운서 같은 억양과 말투를 장착하면 신뢰와 권위를 얻을 수 있습니다. 또한 때로는 직설적으로 뜻을 전해야 나의 경계를 분명히 세울 수 있습니다. 첫 단추 기법부터 직설 화법까지 10가지 기술을 함께 배워 보아요.

66

말하기도
첫 단추를 잘 끼워야 해요

99

첫 단추 끼우기

부드럽고 착한 성정을 지니고 있어 말도 말랑말랑하게 하는 C 님이 있습니다. 좀 더 당당하게 말하기를 위해 저에게 수업을 의뢰하셨죠. 목소리에 힘을 싣고 발음도 명료하게 하는 등 여러 훈련을 하며 서서히 나아지고 있었습니다. 그런데 문제는 실전 연습을 위해 대화 훈련만 하면 쉽게 원래의 목소리로 되돌아가는 간다는 점이었습니다.

훈련한 목소리를 바로 실전에 적용하는 건 무척 어려운 일이

긴 하지만, C 님의 경우 향상도에 비해 조금 더뎌서 무엇이 원인일까 유심히 들어 봤습니다. 그러다 보니 특정한 패턴이 제 귀에 들렸습니다.

범인은 바로 대답에 앞서 나오는 "네"였습니다. 오래 몸에 배어 있다 보니 의식해서 잘 말하려 해도, 습관적으로 나오는 "네"가 자꾸만 기존의 말하는 방식, 그러니까 톤이 높아지면서 비음에 의존하는 소리로 뱉어지고 있었습니다. 짧은 한 글자 말이지만, 시작점이다 보니 나머지 뒤의 말에도 영향을 미쳤던 겁니다.

"네"는 마치 첫 단추와도 같습니다. "네"를 연약하고 어리게 뱉고 바로 이어지는 문장을 성숙하게 말할 순 없는 법입니다. 대체로 자신감이 부족한 분들은 말에 확신이 없으므로, "네"라는 긍정의 대답도 흔들릴 때가 많죠. 눈치를 보면서 말하고 자신에게 주목된 시선이 부담스러워서 그렇습니다.

- 말하기 코어에 단단하게 힘을 주고 힘 있게 "네!"라고 대답해 보세요.
- 나도 모르게 불쑥 다듬어지지 않은 채로 튀어 나가게 되는 말인 만큼, 별도로 훈련을 해야 하는 부분입니다.

- 토론 프로그램의 아나운서처럼 묵직한 "네"를 상상하면서 배에 힘을 주고 뱉어 보는 겁니다.
- 이때, 피치는 평소보다 한 키 낮춘다는 느낌, 그리고 글자가 하강하듯 떨어진다는 느낌으로 해 보세요.
- '나는 지적이다', '나는 신뢰 가는 사람이다'라며 연기를 해 보는 것도 좋습니다.

분위기만 바꿔도
많은 게 변해요

말하는 분위기도 아주 중요합니다. 실제로 제게 "어떻게 '네'를 해야 할지 모르겠어요"라고 물었던 학생분이 있었는데요. 직장에서의 연차나 실제 나이에 비해 어린 말투가 주된 고민이었던 만큼 "아, 네…", "네에…"처럼 소위 을이 느낌으로 소리가 나가고 있었죠. 착하고, 어리고, 심지어 귀여운 느낌마저 들었으니 신뢰 가고 당당해 보이는 분위기와는 거리가 있었습니다.

여성분들 중에 이렇게 대답하는 분이 특히 많은데요. 이런 경우 먼저 표정부터 다잡아야 합니다. '저 착하니까 저한테 뭐라고 하지 말아 주세요' 하듯 눈을 동그랗게 뜨면서 "네에…"라고 하는 게 아니라, 눈을 편하게 뜨고 '나는 멋지다'라고 되뇌면서 편하게 "네"라고 한층 담백하게 뱉어 보는 겁니다.

- 표정과 음높이, 끝 처리만 바꾸어도 많은 게 달라집니다.
- 조금 어색하고 똑똑한 '척'을 한다는 느낌이 든다면 아주 잘하고 계신 겁니다.
- 새로운 나를 발굴하고 드러내는 데는 어쩔 수 없이 연기적인 요소가 들어갈 수밖에 없습니다.

통화를 잘 활용하는 것도 보이스 훈련에 무척 도움이 됩니다. 평소에 문의할 게 있거나, 궁금했던 게 있던 가게에 전화를 걸어 보세요. 말하기 코어에 힘을 주고, 영업 시간, 예약, 주차, 메뉴 등 이것저것 물어보세요. 그리고 상대방의 말에 탄탄하게 "네"를 뱉어 보는 겁니다.

💬 **체크 포인트**
신뢰가 가는 당당한 분위기로 "네!"라고 말해 보세요.

66

대화가 어렵다면
대답부터 시작해 보세요

99

추임새 활용하기

대화 불안이 큰 수강생이 있었습니다. 질문을 드리면 숨을 훅 들이마시며 눈에 띄게 당황하셨고, 정적이 오래 흐르다가 겨우 입을 떼시곤 했는데요. '말문이 막힌다'는 표현이 딱 맞는 분이었죠. 수업 상담 통화도 어려워해서 메시지로 이야기를 나눴던 기억이 납니다.

목소리가 남다른 것도 아니고, 메시지 쓰시는 걸 보면 소통 능력도 좋은데 대체 왜 그렇게 대화를 어려워하실까, 이런저린 질문을 해 봤지만 특별히 계기가 되는 안 좋은 사건이 있었던 것도 아니라고 했습니다.

그런데 수업을 진행하다 보니 생각보다 원인은 간단하다는 것을 알 수 있었습니다. 내향적인 성격으로 대인 관계가 썩 편안하지 않은데, 직업적 특성 때문에 주로 일을 혼자서 하고, 평소 다양한 사람과 대화할 일 자체가 없는 환경에서 오래 머물다 보니 점점 대화 에너지가 떨어져 갔던 게 아닌가 합니다. 그래서 남과 소통할 힘이 점점 줄어든 것이죠.

이런 분이 생각보다 많을 거예요. 특히 대면 소통보다 비대면 소통이 더 늘어나고 있는 요즘, 대화를 부담스러워하는 분들이 적지 않죠. 전화 통화를 어려워하는 콜 포비아(call phobia)를 호소하는 사람들도 심심치 않게 보입니다. 또 자신감이 없거나 쉽게 위축되는 분들도 '상대방이 무슨 말을 할까?', '나한테 무슨 질문을 던질까?' 하고 걱정하다 보면 대화 불안이 쉽게 심해지곤 하죠.

이런 대화 불안을 완화하는 기법이 있습니다. 대화 불안이 있는 분들은 먼저 '대답을 편안하게 하는 것부터 시작한다'고 생각하면 됩니다. 상대방에게 말을 걸거나 대화를 주도하는 건

그다음 스텝이고요. 타인이 내게 던진 질문에 크게 당황하지 않고 편안하게 대답해 보는 거죠. 열쇠는 바로 '추임새'입니다.

가벼운 추임새만으로
대화는 시작된다

추임새 기법은 말 그대로 질문에 답을 할 때, 본 내용에 앞서 추임새를 충분히 써 주라는 겁니다. 질문을 받으면 바로 받아 쳐야 한다는 압박은 내려놓고 대신 "음…", "아…", "어…" 같은 추임새를 쓰는 거죠. 그 누구도 빨리 말하라고 독촉하지 않습니다. 몇 초 동안 추임새 소리만 나도 전혀 어색하지 않아요. 오히려 차분하고 안정적인 모습으로 보일 수 있죠.

저는 라디오를 들을 때 이 추임새 소리가 좋은 DJ를 좋아하기도 했습니다. 고민과 생각을 골라내는 사이에 나오는 짧은 호흡 소리가 무척 좋더라고요. 단, 이때 추임새의 소리도 조금 더 좋게 만들 순 있겠죠.

- 한숨 쉴 때 날숨이 입을 통해 나오는 것처럼, 날숨을 섞어서 차분하게 추임새를 뱉으면 좋습니다. 편안하게 호흡을

뱉듯 하는 거죠.

- 날숨을 잘 뱉으면 부교감 신경계가 활성화되면서 긴장 완화 효과도 있습니다.
- 반면에 피치가 높고 비음을 많이 섞어서 내는 추임새는 호흡이 바깥으로 잘 나가지 않습니다. 안으로 먹어 들어가는 소리죠.
- 이렇게 소리를 내면 호흡이 가빠지면서 오히려 더 긴장되게 만들 수 있습니다.

그러니 차분하게 호흡을 뱉으며 나에게 편안한 추임새를 써 주세요. '앗! 갑자기 질문을 하다니… 바로 대답해야 하는데!' 하는 당황스러움이 추임새와 함께 풀리면서 압박감이 완화됩니다. 그사이 말할 내용을 머릿속에서 정리해 추임새 후에 더 자연스럽게 대답을 할 수 있어요.

추임새와 함께 세트로 '질문 되풀이 문장'을 써 주면 더욱 좋습니다. 예를 들어 "무슨 계절을 제일 좋아하세요?"라는 질문에, "음… 계절이요?" 이런 식으로 복사, 붙여 넣기 해 주는 거죠. 천천히 되풀이 문장을 말하면서 시간을 벌 수 있고, 그사이에 질문에 대한 대답을 더 충실하게 준비할 수 있습니다. 부수적인 효과로 상대방에게 '내가 경청하고 있다'는 인상을 줄 수도 있죠. 재진술은 상담 기법으로도 쓰일 만큼 되풀이는 원활한 소통에 도움이 됩니다.

간단하지만, 실전에 적용해 보면 큰 차이가 느껴질 겁니다. 몇 초간의 여유가 여러분을 한결 편안하게 만들어 줄 거예요.

💬 **체크 포인트**
대화는 대답부터, 대답은 추임새와 되묻기부터 시도해 보세요.

문장에서 가장 중요한
처음과 끝

첫인상과 끝 인상

딸의 말이 너무 흐지부지 힘이 없다며 스피치 수업을 의뢰한 한 아버님이 있었습니다. 따님은 성적이 아주 우수한 총명한 학생이었죠. 그뿐만 아니라 목소리도 좋고, 주제를 대면 말할 내용을 곧잘 술술 떠올리는, 그러니까 말하기와 관련해 좋은 자질이 많은 분이었습니다. 그런데도 말이 흐릿하게 힘이 없는 이유는 무엇이었을까요? 그리고 두 달 만에 그분이 아예 다른 이미지로 변신한 두 가지 요인은 무엇이었을까요?

'왜 내 말은 맨날 흐지부지 끝날까?', '내 말은 왜 알맹이가 없는 것 같을까?' 하고 고민하는 분들에게 특효약 같은 두 가지는 바로 '두괄식 말하기'와 '확실한 끝 처리'입니다. 이 두 가지만 제대로 갖춰도 훨씬 다른 인상을 줄 수 있어요. 첫 이미지와 끝 이미지가 깔끔하고 명료하게 상대에게 각인될 수 있기 때문입니다.

두괄식 말하기란 나중에 결론을 말하는 미괄식과 대응되는 개념으로, 내가 말하고자 하는 핵심을 가장 먼저 내세우는 것을 뜻합니다.

"저는 이에 관해 ~라고 생각합니다."
"저는 동의하는 입장인데요."
"제가 좋아하는 건 바로 ~인데요."

이런 식으로 말할 내용의 핵심 부분을 제일 앞에 말하는 건데요. 두괄식 말하기의 가장 큰 장점은 별 내용이 아니어도 또렷한 인상을 줄 수 있다는 점입니다.

심리학에 '초두 효과'라는 게 있습니다. 우리는 사람을 볼 때 몇 초 만에 첫인상이 결정된다고 하죠. 이처럼 처음의 인상이 그 전체에 대한 인식에 큰 영향을 미치는 것을 뜻해요. 말도 그렇습니다. 첫 문장이 또렷하면 화자의 인상 자체가 똑 부러지게 느껴집니다. 그리고 두괄식으로 말하면 저절로 '주장'과 '근거'를 순차적으로 말하게 되는데요. 이런 화법은 논리적인 인상을 주죠. 아마 두괄식으로 말하는 것만 습관화하면 말하기가 한결 수월해진다고 느낄 겁니다. 별 말 안 해도 지적인 인상을 주기 좋고요.

만약 면접에서 "삶에서 가장 중요한 것이 무엇입니까?"라는 질문을 받았다면, "아, 저는 우선 사람들하고 잘 어울리는 것도 중요하고, 사람들을 챙겨 주는 것도 좋아하고요. 또 스스로 발전하는 것도 중요한데요"처럼 나열식이 아니라 "저는 인간 관계가 가장 중요합니다"처럼 핵심을 단번에 심플하게 말하는 거죠.

시작을 잘했으면
마무리도 확실하게

두괄식 말하기로 첫 부분에 시원시원한 인상을 만들었다면, 이제 확실한 끝 처리로 마무리까지 잘 다질 차례입니다. 끝 처리가 불안정한 분들이 은근 많습니다. 자신감이 부족하거나 눈치를 살피다 보면 말끝이 흐려지기 십상이죠. 가뜩이나 자신감이 없어 끝으로 갈수록 말이 흐릿해지는데, 우리의 호흡은 한정돼 있어 말 앞머리에 힘을 실긴 쉬워도 말끝까지 힘을 전달하는 것은 생각보다 어렵습니다. 그래서 끝까지 힘 있게 뱉는 건 따로 훈련을 해 줘야 해요. 이때는 여러 어미로 훈련하는 게 필요해요. 소리를 뱉는 길 자체가 잘 안 나 있을 수 있기 때문입니다. 아래의 문장에서 굵게 처리된 부분에서 배에 힘을 주고 소리를 뱉어 보세요.

- 반말체: 난 걔가 좋**던데**. / 너 뭐**해**? / 이거 커피**야**.
- 해요체: 저는 ~라고 하**고요**(구여). / 제가 오래 생각해 봤는**데요**(데여). / 어제 만났**어요**(어여).
- 하십시오체: 발표를 시작하겠습**니다**. / 오늘 주제입**니다**.
- '요'는 '여'라고 발음하는 게 더 자연스럽게 들리고, 소리가 바깥으로 잘 나갑니다.
- '입니다', '습니다' 등 종결 어미 끝으로 갈수록 볼륨이 작아지지 않도록 주의하세요. '니'의 ㄴ발음을 확실히 하고, 아랫배에 힘을 주어 '다'를 뱉어 보세요.

끝에 힘을 싣는 게 어색하고 부담스럽게 느껴질 수 있습니다. 하지만 낯선 것일 뿐 잘못된 것은 아니에요. 당당하게 배에 힘을 잘 주면서 리딩 훈련을 꼭 해 보세요.

〈나는 가수다〉 같은 경연 프로그램은 가장 나중 순서로 노래한 가수들이 우승할 확률이 높은데요. 이는 가장 나중에 들어온 정보 값이 존재감을 많이 발휘하는 '최신 효과'로 설명할 수 있습니다. 가장 나중에 접한 정보가 인상적으로 우리 기억에 남기 때문이죠. 그래서 끝맺음이 깔끔하면 좋은 인상을 남길 수 있습니다. 두괄식으로 열고 확실하게 말 끝맺기, 처음과 끝이 중요한 법입니다.

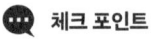 **체크 포인트**
모든 일이 그렇듯 말 역시 처음과 끝이 중요해요.

66

당황하지 말고
여유롭게 말해 보세요

99

긴장 해소하기

평소 마음이 위축된 분들은 상대방과 갈등이 생기거나, 참고 참다 나도 할 말을 해야 할 것 같은 상황에서야 용기를 내는데요. 그런데 준비가 되어 있지 않은 상태에서는 톤이 높아지고 말이 빨라지곤 합니다. 말이 통제가 안되니 당황해서 머리도 멈추고 말죠. 발음도 이상해지고요. 결국 할 말을 제대로 전하지 못한 채 만만한 모습만 보이는 경우가 많습니다. 갑자기 미친 듯이 심장이 뛰면서 긴장이 되고 호흡도 가빠지고요.

저 또한 그랬습니다. 20대 중후반까지도 해야 할 말을 확실하게 전하기 보단 제 감정과 의견을 억압하며 살았어요. 이게 정신 건강에 도움이 안 된다는 걸 알아차리고 나서는 '용기를 내어 할 말 하고 살리라' 다짐했답니다. 그런데 안 하던 행동을 하려니 시행착오도 많았습니다. 평소 누르던 감정이 터져 나와 횡설수설거나, 의견을 전달하다가 갑자기 눈물을 터뜨린 적도 많았습니다. 무엇보다 말이 빨라지는 게 가장 큰 문제였죠. 한번 속도가 빨라지면 점점 가속이 붙어 입장 전달이 제대로 되지 않았습니다.

여유롭게 말하려면 우선 우리 몸의 변화를 이해해야 합니다. 갈등이 생기면 당연히 몸은 긴장이 됩니다. 그에 따라 교감 신경계가 활성화되면서 맥박이 빨라지고, 호흡이 가빠지기도 하는데요. 자연스레 말도 빨라지게 되는 거죠. 그러니 우리가 해야 할 일은, 이를 잘 통제하는 법을 배우는 거예요.

- 평소에 발음을 야무지게 하는 버릇을 들여야 합니다.
- 우리말은 혀의 힘이 중요한 자음들이 많습니다. 혀를 윗앞니 위쪽에 붙이며 소리를 내는 입천장소리(ㅈ, ㅊ), 잇몸소리(ㄴ, ㄷ)가 중요합니다.

"나나가 지지자들과 같이 캐나다에 도착했는데요."

사람에 따라 다르겠지만, 이 문장을 제대로 발음하려면 혀뿐만 아니라 턱 또한 부지런히 움직여야 합니다. 이 문장을 반복 훈련하면서 힘을 길러 주세요.

모음의 음가를 정확히 내는 것도 속도가 빨라지는 걸 통제할 수 있습니다. 입술을 열심히 움직이는 데 최소한의 시간이 필요하기 때문이죠.

'아/야/어/여/오/요/우/유/와/워/으/이'

마치 얼굴 근육을 스트레칭하듯 근육을 크게 쓰면서 모음 훈련을 해 보세요. 무엇보다 평소에 입술을 적극적으로 움직이려는 노력이 필요해요.

감정에서 벗어나
발성과 발음부터

다음으로는 다시 말하기 코어입니다. 아랫배에 힘을 주고 묵직한 추가 내 중심에 자리하는 듯한 흔들리지 않는 안정감을 느껴 보세요. 코어가 잘 받쳐 주면 힘이 생기기 때문에, 말이 설익은 채로 날리지 않고 쫀쫀하게 뱉을 수 있습니다. 아랫배에 힘을 주면 날숨을 더 힘 있게 밀어낼 수 있고, 날숨을 제대로 내뱉으면 부교감 신경계가 활성화되기에 긴장 완화에도 도움이 되죠.

결국에는 발성과 발음에 신경을 쓰라는 건데요. 감정이 아닌 발성과 발음에 신경을 쓰는 것만으로도 긴장 완화에 도움이 됩니다. 마치 감정에 매몰되어 있는 신경을 주변 소리나 신체의 감각으로 돌림으로써 마음을 편안하게 만들어 주는 명상과도 같은 이치인 거죠.

그래도 속도 조절이 어렵다면 이번엔 이미지 트레이닝이 필요합니다. 시선 높이에 가상의 글자를 띄워 보세요. 진행자들이 카메라를 보는 척 대본을 읽을 수 있도록 만든 프롬프터처럼요. 우리는 말을 빨리해야 할 것 같은 급한 마음 때문에 낱개의 글자가 아니라 문장이나 어절 단위로 후루룩 말해 버리곤 합니다. 그럴 때는 마치 게임을 하듯 한 글자 한 글자씩 해치운다는 마음으로 한 음절 한 음절에 집중해 보세요.

물론 타인 앞에서 발표할 때, 누군가와 다툴 때는 참 곤란한 상황입니다. 마음을 다스리는 게 쉬운 일도 아니고요. 하지만 이 또한 그저 습관이에요. 몸에 좋은 습관을 새로 새긴다는 마음으로, 기회가 될 때마다 오늘 배운 걸 적용해 보세요. 우선 아랫배와 혀, 입술에 집중한다고 생각하면 쉬울 겁니다.

 체크 포인트

아랫배, 혀, 입술에 집중해서 "아/야/어/여" 하고 연습해 보세요.

66

'미안'은 넣어 두고
'감사'를 꺼내 보세요

99

감사 전달하기

부산에서 하던 라디오 DJ 일을 그만두고, 저는 새로운 도전을 위해 서울로 올라왔어요. 그 직후 한 방송국에서 프리랜서 PD로 일할 때였습니다. 유튜브 채널에 올라가는 콘텐츠를 기획, 구성, 제작하는 일이었는데요. 진행과 구성은 해 보았지만 영상 매체 제작에 직접 관여한 적은 없었고, 더군다나 유튜브 콘텐츠에 대해 노하우도 적어서 어려움이 많았습니다.

그런데 일 자체보다 제 마음을 힘겹게 했던 것이 있는데요.

바로 '미안해서 어쩔 줄 모르는 마음'이었어요. 제가 기획한 걸 바탕으로 촬영 감독님이 촬영을 같이 나가고, 뻔십사님은 구성안을 토대로 영상을 만드는 일을 하는데, 무언가를 부탁할 때마다 저도 모르게 손이 닳도록 미안해하는 모습을 보이게 되더라고요.

"○○ 님, 진짜 너무 미안한데, 한 번만 더 수정해도 될까요?"
"○○ 님, 혹시 죄송한데 2시간만 늦게 드려도 괜찮을까요?"

처음 하는 일이라 서툴러서 미안할 일이 많았던 것 같아요. 일을 부탁하는 것도 힘든데 미안해하는 감정 때문에 체력을 더 쓰게 됐죠. 어쩌면 폐를 끼치는 것 같아 불편한 마음을 과장된 미안함으로 상쇄하고 싶었던 것일 수도 있고요.

사실 그 당시 제가 표현했어야 할 자연스러운 감정은 '고마움'이었을 거예요. 누구에게나 '처음'이란 건 있으니까, 갓 입사한 저의 사정을 다른 동료들도 충분히 이해해 줬을 거예요. 실제로 미안하게끔 눈치 보게 만든 동료도 없었습니다. 감정을 부풀린 건 순전히 저였어요. 제가 저를 괴롭히는 시간이 계속해서 이어졌습니다.

물론 사회생활을 할 때 미안할 줄 아는 것은 중요한 덕목입니다. 면피하고 모르쇠로 일관하는 것보다 훨씬 성숙한 태도죠. 그러나 감사해야 할 상황에 미안하다는 말이 습관적으로 나온다면 그건 고쳐야 해요. 미안하다는 표현은 나 자신을 자꾸만 낮추고, 자책으로 이어지기 쉽습니다. 그러니 '미안'은 넣어두고 '감사'를 꺼내 보세요.

다음 두 가지를 기억해 주세요.

첫째, 우리는 일하러 이곳에 왔다.

둘째, 서로 도움을 받는 것이 당연하다.

일터가 아니라 어디든 마찬가지예요. 가족이든 친구든 내가 도움을 받으면 다음엔 내가 도와주면 되는 법입니다. 이 호혜성을 믿고 가볍게 '고맙다'고 해 보세요.

- 동료에게 부탁할 때, "저 혹시 여유 있을 때 이 보고서 좀 검토해 주시겠어요?"라고 말했다면 "감사해요"도 덧붙여 말해 보세요.
- 좀 더 정중해지고 싶다면 말을 다듬으면 됩니다. 혹시 부탁 하나만 드려도 될까요?"라고 하는 것이죠. "저, 죄송한데요"라고 하는 것보다 더 정중하게 들릴 수 있습니다.

내면의 구김살을 펴는
일상 다림실

일상적인 말 습관도 잘 다듬는 게 중요한데요. 길을 묻거나 어디에 문의할 일이 있을 때 우린 습관적으로 "저, 죄송한데요"라고 말을 하죠. 의례적인 표현이라고는 하지만 이런 사소한 말들이 알게 모르게 우리의 언어 습관에 영향을 미칩니다. 그러니 이럴 때는 "저 실례지만…"이라고 말하거나 "저, 혹시…" 하며 운을 떼우는 게 낫습니다.

이러다 보면 자연스럽게 나의 태도도 바뀝니다. 당당하게 요청하고 이에 적절하게 감사함을 표현하려면 내면의 구김살이 펴져야 하거든요. 미안해하는 대신 구체적으로 감사해 버릇하는 건 그 자체로 우리의 마음을 건강하게 만들어 주기도 합니다.

신경외과 의사 앨릭스 코브는《우울할 땐 뇌 과학》에서 감사하는 마음을 느낄 때 우리 덜 우울해진다고 합니다.

"감사는 자신이 가진 것들의 가치를 실제로 음미하는 데서 오는 감정이다. 다른 사람이 무엇을 가졌는지 갖지 못했는지는 상관없다. 감사의 힘은 시기심을 줄이고, 이미 자신이 지닌

것의 가치를 높이고, 그럼으로써 삶에 대한 만족도를 높여 주는 데 있다."

대학생 시절, 첫 해외여행으로 떠난 몽골에서 저는 한 국제 교류 프로그램에 참여했었는데요. 전 세계 각국에서 온 청년들이 2주간 동고동락하며 알찬 시간을 보냈습니다. 헤어지던 날, 독일에서 온 소피가 보여 준 태도가 문득 생각납니다. 마지막 인사를 할 때, 소피가 참여자들을 통솔하느라 고생한 리더에게 손을 내밀며 "Thank you for everything(전부 다 고마워)"라고 말했거든요. 그때 그 꼿꼿한 자세와 자신감 넘치는 미소가 참 인상적이었습니다. 저는 고마운 상황에서도 어딘가 '아이고, 이렇게 잘해 주다니, 고마워서 어째!' 하며 마음이 안절부절못하는 사람이었거든요. 그래서 마음의 동요 없이 당당하게 고마움을 표하는 모습이 너무나 멋져 보였습니다. 우리도 한번 연습해 볼까요? 아랫배에 힘주고 멋지게 "감사합니다"라고 해 보는 거예요.

💬 **체크 포인트**
부분별한 사과 대신 당당한 감사함을 전해 보세요.

66

명랑한 톤 대신
중저음을 연기해 보세요

99

음높이 조절하기

눈썰미 좋은 코미디언 중 '아르바이트 성대모사' 콘텐츠를 올리는 분들이 있는데요. 올리브영, 스타벅스, 극장, 맥도날드, 다이소 등 매장마다 구별되는 아르바이트생의 말투나 분위기를 기가 막히게 따라 합니다. 올리브영은 설명할 멘트가 많다 보니 특유의 어조가 두드러지고, 맥도날드는 상당히 친절하고요, 스타벅스는 조금 점잖은 편이죠.

이런 멘트들은 대체로 '솔 톤'으로, 말끝이 둥글게 올라가며

끝난다는 공통점이 있습니다. 저도 대학 시절부터 아르바이트를 꽤 했는데요. C 카페와 P 빵집 모두 "안녕하세요, ○○○입니다!"에서 '다'부분이 곡선을 그리며 위로 올라가죠. "주문하신 음료 나왔습니다~!", "고객님, 어서 오세요~!", "총 다섯 개 맞으시죠~?" 내용이 달라도 대체로 끝 처리는 비슷했습니다. 밝고 친절한 분위기를 만들 때는 이런 톤이 필요할 때도 있습니다.

문제는 '둥근 솔 톤'이 과하게 확장될 때입니다. 카페에 갔는데, 내가 직원이 아닌데도 "아메리카노 한 잔 주시고요~!" 하며 과하게 친절해지고, 직장에서 면담하는데도 말끝을 과하게 끌면서 높은 톤으로 말하게 되는 거죠. 수강생들의 이야기를 들으면, 서비스직 아르바이트를 하며 배운 이런 말투가 습관이 되는 경우가 꽤 많았습니다.

이런 특성이 강하면 만만해 보이기 쉽습니다. 우리 사회에서는 서비스직 종사자에게 감정 노동을 과하게 요구하는 경향이 있죠. '무해함'까지 원한다는 느낌도 받는데요. 이런 요구가 클수록 말투가 더 상냥해지고 톤도 올라갑니다. 이 말인즉슨 높고 둥글게 말하는 톤이 무해한 인상, 만만한 인상을 만든다는 뜻입니다. 우리는 때로 유해해질 줄도 알아야 합니다. 할 말은 하고, 부당함에 맞서야 하는 때도 있으니까요. 어느 정도

무게가 있어야 신뢰 가는 인상을 줍니다.

- 먼저 솔 톤을 미 톤으로 내려 줍니다.
- 사람마다 적정 톤은 다르지만, 평상시 말투가 상냥한 편이라면 내 적정 톤보다 높아져 있을 가능성이 큽니다.
- 위로 상승하려는 소리를 아래로 끌어당긴다는 마음으로 아랫배에 힘을 가득 준 채로 음높이를 조절해 보세요.

적절한 톤에서 나오는
편안한 점잖음

분위기를 바꾸지 않은 채 음높이만 낮추면 어색하기 마련입니다. 낯선 곳에 처음 갔을 때 점잖은 척 연기하면서 솔 톤을 미 톤으로 낮추어 인사해 보세요. 연구에 따르면 사람들이 중저음 목소리를 더욱 신뢰한다는 연구 결과도 있습니다. 내 음역에 맞지 않게 억지로 낮출 필요는 없지만 그래도 높아져 있는 톤은 내리는 게 좋습니다.

그다음으로는 끝 처리를 다듬습니다. 길게 끌며 톤을 올리던 '다~'를 담백하고 짧게 하강하는 '다'로 만들어 주세요. 해요체일 때도 마찬가지예요. "그 건은 종료되었고요~" 과하게 끌거나 올리지 말고, "종료되었고요(구여)" 음높이가 비교적 평평하게 일정하도록 해 보는 겁니다. 말투 특성상 마지막 음절 '요'가 살짝 올라갈 순 있지만, 문장 첫음절 높이보다 올라가지 않게 신경 써 보세요.

운동 강사로 일하는 수강생분들한테도 이 두 가지를 가장 강조한답니다. 예를 들어 필라테스 강사인 수강생분은 "손을 앞으로 뻗어 주시고~ 위로 높이 들어 올려 줄게요~" 같은 문장이 있으면 문장을 끊을 때도 위로 올리고, 종결도 그렇게 하는 경향이 있었는데요. 이렇게 하면 카리스마 있거나 권위 있는 분위기와는 거리가 멀어질 수밖에 없습니다. 그래서 끝 처리를 공들여 훈련했습니다. 적당히 부드럽되 끝 처리만 신경 써도 확연히 다른 이미지를 가질 수 있게 됩니다.

💬 체크 포인트

카페에 갈 일이 있다면 평소 높아져 있던 솔 톤을 미 톤으로 내려 주문해 보세요.

66

내가 적극적이면
상대도 적극적으로 변해요

99

질문하고 대화하기

강연계의 아이돌 김창옥 교수를 대부분 아실 텐데요. 김창옥 교수의 가장 큰 강점이 뭐라고 생각하세요? 음성도 훌륭하고 말솜씨, 콘텐츠 다 훌륭하지만 저는 무엇보다도 '소통 능력'을 꼽고 싶습니다. 아무리 큰 대형 강연이라도 그는 꼭 청중에게 마이크를 돌리죠. 미리 신청받은 때도 있겠지만 즉흥적으로 특정 청중과 대화를 이어 가기도 합니다. 그의 소탈하고 대중 친화적인 인상은 즉흥 소통에서 나오는 의외성, 살아 있는 날것의 느낌에서 만들어집니다.

제가 생각하는 가장 아쉬운 말하기는 '혼자 말하는 발표'입니다. 말하기는 소통입니다. 설령 내가 마이크를 들고 있고 다른 사람들은 청중석에 있다고 하더라도 말이죠. 소통하지 않을 것이라면 강연을 녹화해서 틀어 줘도 되고, AI더러 대신 원고를 읽어 달라고 해도 되죠. 하지만 실시간 말하기의 강점은 바로 소통에서 비롯되기에 이 이점을 놓치는 것은 큰 손해라고 할 수 있습니다.

- 청중과 소통하는 가장 쉬운 방법은 질문하고 대화하기입니다. "오늘 다들 저녁 드시고 오셨나요?" 같은 질문을 청중에게 던지는 거죠.
- 질문의 힘은 대단합니다. 연사가 질문을 던지면 마치 핀 조명이 청중 한 명 한 명에게로 맞춰지는 것과 같죠.
- 멍하니 소극적으로 듣는 둥 마는 둥 하던 청중도 질문을 받게 되면 적극적으로 답을 고민하게 됩니다.

그래서 저는 라디오 진행을 할 때 수시로 질문을 많이 던졌습니다. 강연하거나 심지어 혼자 유튜브 영상을 찍을 때도 "이런 고민 하는 분들 많으시죠?", "혹시 이 드라마 보셨나요?"라고 말이죠. 단, 이때는 "인생에서 가장 중요한 게 뭔가요?", "하루를 어떻게 보냈나요?" 같이 너무 '얼려 있는 질문'보다는 단답식으로 답이 나오기 편한 "몽골에 가 본 분 계신가요?", "아침에 밥 꼭 챙겨 먹으시는 분?" 같은 질문들이 더욱 좋습니다.

특정 청중에게 질문하는 것도 좋은 방법입니다. 유독 리액션이 좋은 청중을 콕 집어 인터뷰하듯 질문을 해도 되고요. 질문에 긍정적으로 답한 사람을 골라 관련 이야기를 나누는 것도 좋습니다. 질문에 대한 답을 잘 듣고 적절하게 반응만 잘한다면 훌륭한 아이스 브레이킹 요소가 될 수 있어요.

그런데 분위기가 너무 얼어 있다면 질문을 던져도 반응이 신통치 않을 수 있겠죠. 그러니 청중과 직접 소통하기 전에 청중과의 거리감을 좁혀 두는 것이 좋습니다. 〈전국노래자랑〉을 보면 진행자가 본격적인 진행에 앞서 청중에게 꼭 살갑게 인사를 건네면서 시작합니다. 이런 식으로요.

"저도 포항엔 자주 놀러와서 정말 익숙한 곳입니다. 과메기 정말 좋아하고요."

• 청중과 연결 짓는 시도로 거리를 좁힐 수 있습니다.

- '우리 같은 걸 알고 있어요!', '우리는 이어져 있어요!'라는 메시지를 주는 거죠.
- 나이, 성별, 직업, 인종, 국적, 지역 등 다양한 소재를 활용할 수 있습니다.

청중을 아우를 수 있는 멘트를 중간중간 섞는 것도 훌륭한 연결 방법입니다. 예를 들어 "요즘 AI에 관심 있는 분들 많으시죠?", "노화 방지에 관심 없는 분들은 아마 없을 텐데요", "요즘 '날씨가 너무 더워졌네'라고 생각하는 분들 많으실 텐데요" 처럼요. 청중이 공감할 만한 이야기를 그들의 마음을 읽어 주는 방식으로 꺼내는 것도 추천합니다. 그러면 더욱 연결된 느낌을 받을 수 있죠.

상대와 연결되어
더욱 풍성해지는 관계

이렇게 청중과 연결되면 청중은 훨씬 더 연사를 가깝게 느끼고, 호감을 느끼고, 그만큼 내용에도 잘 집중할 수 있습니다. 실제로 소통이라는 뜻의 영어 단어 커뮤니케이션

(communication)은 '공통되다', '공유하다'라는 라틴어에서 왔다 하는데요. 그만큼 소통에는 공감내가 중요하다는 뜻이겠죠.

물론 '진행자도 아닌데 이런 기술이 필요할까?' 싶을 수 있는데요. 그렇지 않습니다. 일대일 대화에서도 소통하는 말하기는 대단히 중요해요. 혼자 죽 말을 늘어놓는 것과 듣는 청자의 반응을 살피면서, 청자를 적극적으로 말하기에 개입시키며 말하는 건 정말 다릅니다.

예를 들어 최근에 본 영화에 대해 친구에게 말할 때도 "혹시 너도 이 영화 봤어?"라든지 "너도 그때 이 감독 영화 봤다고 안 했어? 그 감독 신작인데 진짜 재밌더라, 너도 꼭 봐" 이런 식으로 상대방에게 질문을 던지거나 내 화제와 상대방을 연결 지으며 말하면, 상대방이 더 열린 마음으로 내 이야기를 듣게 됩니다. 그러니 일대일이든 여러 명과 대화할 때든 청자에게 자주 질문을 던지고, 상대방의 마음을 읽고 연결 지으며 말하는 습관을 들여 보세요. 내 말에 집중하는 정도가 달라질 겁니다.

💬 **체크 포인트**

적극적으로 질문하고 대화하며 청자의 반응을 잘 살펴보세요. 대화에 훨씬 흥미를 느낀다는 게 전해질 거예요.

66

말하듯 자연스럽게
감정은 풍부하게

99

말하듯 말하기

유명한 스피치 무대에 오르는 분들을 코칭할 일이 있었습니다. 열 명이 넘는 분들의 스피치를 직접 듣고 코칭을 했는데요. 그런데 열 분의 발표를 죽 듣고 나니, 대부분이 놓치고 있는 한 가지가 있었습니다. 바로 '말하듯이 말하기'였어요. 말하기가 이미 말하기인데, 무슨 말장난인가 싶으신가요? 학창 시절에 국어 선생님이 학생들더러 교과서 읽기를 시킬 때 나오는 어색한 투 다들 아시죠? 글자를 읽는 데 급급해서 누가 들어도 무언가를 '읽는 투'가 나는 그 느낌 말이에요.

사실 완전히 슥흥적인 날하기가 아니고 어띤 원고기 있는 상황에 마치 원고가 없는 양 말하듯이 말하는 건 정말 어려운 일이 맞습니다. 그래서 발표나 스피치를 두려워하는 분들도 많을 거예요. 내가 너무 어색하게 읽는 게 자신도 느껴지는 거죠. 요샛 말로 '뚝딱거리는' 거 같고요.

저 또한 라디오 방송을 할 때 초반에 가장 힘들었던 게 원고를 자연스럽게 읽는 거였어요. 아무리 편하게 읽으려 해도 왠지 모르게 어색해지고 어투가 바뀌거나 부자연스러워 괜찮아지기까지 시간이 꽤 걸렸습니다. 읽고 또 읽고 연습하다 보니 서서히 나아지더라고요. 그러니까 읽는 훈련이 주요했던 건데요. 박형욱, 김석환 성우는 《내레이션의 힘》에서 이렇게 말했습니다.

"사람들이 스피치라고 부르는 것은 사실 프리 토킹이 아니라 '리딩'이다. 일상생활에서의 평범한 대화가 아닌 어떤 목적을 갖고 행하는 모든 '말하기'는 전부 '읽기'다. 읽는 훈련(연습)을 통해 자유롭게 말하는 것(프리 토킹)처럼 보이는 읽기(리딩)인 것이다."

멋지게 발표를 하기 위해서는 먼저 글을 잘 읽는 훈련을 해야 한다는 겁니다. 원고를 자연스러운 척 읽는 훈련이 필요한 거죠. 다음의 세 가지 스텝으로 훈련해 볼게요.

이야기하듯 말하는 방법
3단계

첫 번째, 원고 고치기입니다.

많은 분이 원고를 쓰면 지나치게 딱딱한 문어체로 씁니다. 일본어 번역 투나 과한 한자어 사용을 피하고 일상에서 쓸 법한 어투로 수정해야 합니다.

- ESG 경영 필요성의 대두로 인해 사회 공헌 활동에 대한 비중을 높여야 합니다.
→ ESG 경영의 필요성이 높아지면서, 사회 공헌 활동을 실천하는 것이 중요해졌는데요.

- 위기 발생 시 차분한 행동이 필요합니다.
→ 위기가 발생하면 차분하게 행동해야 합니다.

두 번째, 편하게 쓰인 원고를 바탕으로 본격적으로 리딩 훈련을 해야 합니다.

말은 글자로 보이는 순간 경직되는 경향이 있으므로, 마치 친구에게 관련 내용을 설명하는 양 문장 구조나 어미를 자유롭게 바꾸면서 설명해 보세요.

- 고다르의 영화론에 대해 말씀드리겠습니다.
→ 야, 내가 고다르의 영화론에 대해 알려 줄게.

- 오즈 야스지로 영화는 다다미 쇼츠가 특징인데요.
→ 오즈 야스지로 영화는 말이야, 다다미 쇼츠라는 게 가장 큰 특징이라고 보면 돼.

이렇게 하면 자연스러운 나의 어투가 배면서, 전달력이 높아집니다. 강조도 잘되고 끊어 읽기도 한층 자연스러워지죠. 이른바 '덩어리 읽기'가 잘 되는 건데요. 덩어리 읽기란 끊어 읽기를 적절하게 해서, 내용상 한 호흡에 읽어야 하는 어절들은 덩어리로 묶어 자연스럽게 이어 읽는 겁니다. 친구에게 말하듯 읽음으로써 내용을 잘 파악하고 설명력을 높이세요.

- 힘들고 편찮으신 / 티도 못 내는 / 우리 어머니
→ 힘들고 편찮으신 티도 못 내는 / 우리 어머니

세 번째, 감정을 넣으세요.

대부분 원고를 읽을 때면 감정이 너무 단조로워지거나 빈약해집니다. 하지만 우리는 일상에서 감정을 아주 풍부하게 쓰고 있어요. 표현의 강도는 작을지라도, 한 문장에서도 다채롭게 감정을 쓰고 있죠. 예를 들어 "내가 어제 이모네 갔는데, 글쎄… 근처에서 아이돌을 봤잖아"라고 친구에게 말하는 상황이라고 가정해 볼게요. 그러면 감정이 아마 이런 식으로 나올 겁니다.

"내가 어제 이모네 갔는데(흥미 유발) 글쎄…(믿을 수 없다는 감정) 근처에서 아이돌(놀라움)을 봤잖아(약간 자랑)."

이렇게 단순히 놀라서 자랑하는 문장도 그 안에서 감정이 여러 갈래로 갈라질 수 있다는 거죠. 그러니 원고를 훑을 때 감정선을 디테일하게 체크해 주세요. 그리고는 영화나 연극 대본의 지문처럼 원고에 써 넣어 보세요.

- (궁금증 유발) 한창 힘들었던 그 시기에 저는 (강조) 점집에

갔습니다.

- (강조) 그런데, 섬생이가 저를 보더니 (흥미 유발) 디짜고짜 이러는 거예요.
- (희한하다는 듯) 막, 아기 목소리로 (연기하며) "왜 이제야 왔어!" 이러시는 거예요.
- (놀란 감정) 벌써 빙의가 된 건가? 진짜 놀라서 까무러칠 뻔했는데요.
- (안도하듯) 그런데 알고 보니, (김샜다는 듯) 원래 목소리가 그러시더라고요.

발표를 하거나 진지한 연출이 필요할 때에도 감정은 중요합니다. 얼핏 진지한 발표의 경우 감정이 배제된 것으로 느껴질 수 있지만, '심각한', '진지한', '설득하는', '확신 있는', '자신 있는' 분위기도 일종의 감정 연출이라고 할 수 있죠. 내용과 주제에 맞게 정서의 결을 정하고, 다채롭게 감정을 넣어 읽는 훈련을 해야 합니다. 구연동화를 하듯 과장해서 읽어 보세요. 감정 넣는 게 훨씬 수월해질 거예요.

💬 **체크 포인트**
어떤 글을 읽든 단순히 읽는 것에서 벗어나 말하는 것처럼 읽어 보세요.

"
아나운서의 목소리가
신뢰 가는 이유
99

억양과 어투 바꾸기

말하기 분야에서 가장 큰 권위를 지닌 사람들은 다름 아닌 아나운서일 텐데요. 그래서 보이스 트레이닝이나 스피치 관련 콘텐츠에서도 '아나운서 같은 목소리 만드는 법', '아나운서 발음 따라잡기' 같은 콘텐츠가 많죠. 아나운서 같은 느낌이란 대체 무엇일까요?

아나운서도 일상 대화를 하면 일반인과 별반 다르지 않습니다. 대체로 아나운서 느낌이라고 함은 뉴스를 진행하거나 진지한 분위기의 프로그램을 진행할 때의 느낌이죠. 신뢰 가고 진중하고 카리스마와 권위가 느껴지는 분위기입니다. 그 분위기를 얻는 방법에 대해 알려드릴게요.

아나운서 느낌을 주는 데에는 묵직하고 낮고 깊은 목소리 톤도 중요하지만, 그에 못지않게 특유의 억양과 어투도 큰 몫을 합니다. 보이스는 긴 수련의 과정이 필요하므로 상대적으로 훈련이 쉬운 억양과 어투를 살펴보겠습니다.

우선 '일자 억양'입니다. 일자 억양은 대체로 일정하게 한 음으로 유지되는 억양을 말하는데요. 어릴 적 국어 시간을 떠올려 보세요. 선생님이 국어책 읽기를 시키면 학생들은 대체로 어떻게 읽나요? 음이 뽀족뽀족하게 위아래로 움직이죠.

'영희(↘) 가(↗) 학교(↘) 에(↗) 갔(↘) 다(↗).'

이런 억양을 뽀족한 억양이라고 한다면 꿀렁이는 억양도 있습니다. 영화관에 가면 직원들의 억양이 마치 웨이브 타듯 요동치죠. 이런 억양들은 어떤 느낌을 주나요? 뽀족한 억양은 어린 듯한 느낌을 주고, 꿀렁이는 억양은 친절하긴 하지만 그렇다고 신뢰가 가는 느낌은 아닙니다.

반면 아나운서들은 탄탄하게 한 음으로 가는 일자 억양을 고수하는 편입니다. 특히 신뢰가 더 필요할수록 이 일자 억양이 더욱 엄밀해지는데요. 아나운서가 뉴스 대본을 읽는다면, 아마 다음 문장을 이렇게 읽을 겁니다.

"정부가 어제(↗) 긴급대책안을(→) 내놓았습니다(↘)."

어미만 올리고 내리지, 나머지는 거의 한 음에 가까울 테죠. 이런 억양은 비일상적이어서 구별되기도 하고, 균일함에서 오는 안정감이 있습니다. 그래서 보다 프로페셔널한 이미지가 필요하다면 꿀렁이거나 뾰족하지 않고 일정하게 말할 수 있도록 훈련하는 것이 좋습니다.

일자 읽기 훈련을 한 후 내가 읽고자 하는 원고에 대입해서 훈련해 보세요. 일자로 이어 읽어야 할 부분, 올릴 부분, 끊어 읽는 부분, 내릴 부분을 표시한 후, 표시를 보며 읽는 훈련을 해 보세요. 한결 성숙하고 멋진 이미지가 만들어질 겁니다.

"멘탈을 강하게 만들기 위해서는(↗) 무엇보다 자기 존중감(↘), 즉 자존감이 중요합니다(↘)."

'요'와 '다'를
적절히 섞어 보세요

다음은 어투입니다. 아나운서 같은 느낌을 주는 어미 '요 다 요 다'를 기억해 주세요. 아나운서 어투의 대척점에는 '미성숙한 어투'가 있을 텐데요. 해요체를 주로 쓴다는 특징이 있습니다. "오늘은 글로벌 경제 위기에 대해 말씀드릴 건데요. 일단 목차는 네 파트고요. 먼저 참고 문헌부터 소개할게요" 식으로 문장이 대부분 '~요'로 끝나는 거죠. 하지만 해요체보다 '~하십시오'나 '~니다'로 끝나는 '합쇼체'가 보다 공적인 느낌이 강합니다. 그러니 두 형태를 적절히 섞어 보세요. 오래 진행을 해왔던 경험을 돌이켜 보면, 이 둘을 번갈아 문장을 나열하면 가장 자연스럽고 편하면서도 적절히 공적인 느낌도 들 수 있습니다.

"오늘은 글로벌 경제 위기에 대해 말씀드리겠습니다. 일단 목차는 네 파트고요. 먼저 참고 문헌입니다. 최다희 외 2인의 2021년 연구를 참고했고요."

여기서 '~다' 종결을 조금 더 많이 쓰면, 마치 군인 같은 절도 있는 느낌을 더 줄 수도 있지만, 자연스러움은 덜할 수 있습니다. 본인의 입에 제일 맞게 비율을 조정하되, 어느 정도는 '~다' 어미를 꼭 넣을 수 있도록 유의해 주세요.

💬 **체크 포인트**

아나운서의 뉴스 리딩을 한번 따라 해 보세요. 방송사 홈페이지 뉴스 섹션에 들어가면 영상과 원고가 잘 나와 있습니다.

❝
예의를 지키며
솔직해질 수 있어요
❞

직설 화법

이효리 씨는 방송뿐만 아니라 유튜브 채널에도 자주 출연했는데요. 어떤 프로그램에 나오든 예능 치트키라는 별명답게 출연할 때마다 화제를 모았습니다. 한번은 모델 이소라의 채널에 출연했는데요. 그녀만의 직설적인 화법이 화제가 되었습니다. 그녀는 대화 중 MC인 이소라 씨에게 이렇게 말합니다.

"언니, 저는 진행자가 직접 섭외하는 거 싫어해요."

작가나 PD가 아닌 이소라 씨가 직접 이효리 씨에게 섭외 요청을 한 모양입니다. 이효리 씨는 자신이 거절하는 걸 너무 어려워해서, 이렇게 직접 섭외 요청을 하면 곤란하다고 부연 설명을 합니다. "회사를 통해 연락이 와야 한다고 생각해"라고 말하죠.

개인적인 친분이 있더라도 일은 일이니 공적인 채널로 연락을 하는 게 옳다는 건데요. 돌려 말하지 않는 이효리 씨의 말에 사람들의 반응이 조금 갈리긴 했어요. 이소라 씨도 당황한 듯 보이긴 했거든요. 솔직함이 과했다는 의견도 일부 있었습니다. 하지만 긍정적으로 보는 의견이 더욱 많았습니다. 이런 솔직함이 대화의 질을 더 좋게 만들었기 때문입니다.

대화의 주제는 직접 섭외에서 '거절을 어려워하는 성향'으로 이어졌고, 나아가 '나는 도와줌으로써 우월감을 느끼려는 걸까?', '주려는 성향이 강해서 체력이 소진되지는 않을까?' 하는 고민으로 나아가 서로 깊은 이야기를 꺼낼 수 있었습니다. 솔직함이 진솔한 대화의 물꼬를 터 준 거죠. 친분에 기대어 섭외가 이뤄지는 그간의 관행에 비판적인 의견을 효과적으로 제기하기도 했고요.

이처럼 때로는 직설적인 말이 필요할 때가 있습니다. 타인을 상처 주기 위함이 아니라면, 그리고 상대방에 대한 최소한의 예의를 지킨다면, 돌려 말하시 않고 정확하게 내 뜻을 전하고 감정을 개방하는 것이 서로에게 좋습니다. 내가 참고 숨기지 않으면 상대방도 보다 쉽게 솔직한 마음을 꺼낼 수 있습니다. 이로써 서로 감정을 해소할 수 있죠.

진솔함은 서로의 신뢰를 깊게 만들기도 합니다. '솔직하게 말했으니 속에 쌓아 둔 게 없겠구나', '얘는 할 말을 할 때는 하는 애구나' 하며, '혹시나 속에서는 다른 생각하는 거 아닐까?', '겉으로는 좋다고 하고 속으로는 아닌 거 아닐까?' 같은 불안을 덜면서 안심할 수 있는 거죠. 서운하거나 불만인 점을 앞에서 말하니 다른 데서 뒷말할 거 같다는 불안도 없고요.

쉽게 위축이 되고 주변을 살피는 분들은 만약 내가 직설적으로 말하면 안 좋은 인상을 주거나, 상대방이 나를 싫어하게 될까 봐 필터링해서 말할 때가 많을 텐데요. 내 말이 최대한 덜 공격적으로, 덜 직설적으로 들리게끔 완충어, 이른바 '쿠션어'를 잔뜩 넣어 말할 때도 많죠. 이렇게 말입니다.

"그것도 좋은데, 내가 개인적으로 생각할 때는 이게 아무래도 조금 문제가 생길 수도 있을 것 같아…."

솔직함에도
적당한 기술이 필요합니다

하지만 때로는 쿠션어 없는 직설 화법이 나를 지키고, 오히려 관계에도 도움이 된다는 걸 기억해야 합니다. 특히 누군가가 나의 경계를 자꾸만 침범하고, 일방적으로 나를 불편하게 한다면 직설적으로 대응하는 것이 더욱 필요하죠. 다음 두 가지 포인트를 기억해 주세요.

- 마지막 종결어미 '다'를 확실하게 뱉으세요.
- "저는 음… 다 괜찮을 거 같아요…" 이렇게 작아지는 게 아니라 "저는 다 괜찮습니다"라고 확실하게 끝맺음합니다.
- 말을 간단명료하게 합니다.
- "음… 글쎄요… 아마 어렵지 않을까 하는데요…"처럼 어절을 더하고 더하면서 말을 늘이지 않고 "지금 바로 해서 보내주세요"라고 간명하게 말하는 겁니다.

가장 중요한 것은 표현의 강도를 약화하지 않는 겁니다. 상대방의 기분을 살피며 말을 순화하지 말라는 건데요. 우리는 확신이 있는 상황에서도 '~것 같다' 어투를 쓰는 경우가 많죠.

물론 일상에서야 더 부드럽고 겸양 있게 들린다는 점에서 써도 좋을 때가 있겠지만 확실하게 의사를 밝혀야 할 때는 이런 어투를 쓰지 않는 게 좋습니다. "그건 좀 힘들 것 같아요"보다 "그건 이번엔 어렵겠습니다", "아쉽지만, 그건 어려운데요"라고 말할 수 있어야 합니다.

특히 일할 때 누군가가 나에게 말도 안 되는 요구를 하거나 민원을 제기하는 상황이 생기기도 하죠. 이럴 때는 그 요구를 들어줄 수 없는데도 수용적으로 대하거나 여지를 주는 뉘앙스의 말을 하면 뒤탈이 날 수 있습니다. "지금은 어렵습니다", "그건 이런저런 이유로 불가능합니다"라고 확실하게 짚어야 합니다. 다만 어느 정도의 친절함을 담보하기 위해 여기에 "추후 의견을 참고하겠습니다" 같은 문장을 덧붙일 수는 있겠지요.

이때, "안 됩니다" 같은 너무 강경한 표현은 자칫 강압적이고 완고해 보일 수도 있습니다. 이보다는 정중함을 유지한 채 "어렵습니다" 같은 객관적인 표현을 쓰면 더욱 부담 없이 쿠션어 없이도 직구를 던질 수 있을 거예요.

💬 **체크 포인트**
안 되는 일을 계속 부탁하거나 나를 괴롭힌다면 "불가능합니다" 하고 딱 잘라 말해 보세요.

☺ "네"라는 대답부터 똑부러지게 해 보세요.
잘 끼운 첫 단추 역할을 해 줍니다.

☺ 말을 꺼내는 것이 두렵다면, 가벼운 대답으로 대화를 시작
하세요.
적당한 추임새만으로도 교감이 시작됩니다.

☺ 두괄식으로 말하고, 끝맺음을 신경 쓰세요.
말도 결국 인상입니다.

☺ 감정에 매몰되었을 때도 발성과 발음에 신경을 써 보세요.
주변 소리와 신체 감각으로 돌리는 것만으로 마음이 편안
해집니다.

☺ '미안합니다' 대신 '감사합니다'로 표현하세요.
일상적인 말 습관에 많은 것이 영향을 받습니다.

☺ 나에게 편안한 톤을 찾아 보세요.
적절한 톤은 점잖음까지 내포합니다.

☺ 듣는 사람과 적극적으로 소통하세요.
대화가 재밌으면 청자의 자세가 달라집니다.

☺ 말하기도 말하는 것처럼 해야 합니다.
원고를 읽듯 말하고 있었다면, 감정을 넣어 보세요.

☺ 어투와 억양은 말의 옷입니다.
아나운서처럼 신뢰를 주는 톤을 연습해 보세요.

☺ 직설 화법은 나를 지키고 관계에도 도움이 됩니다.
객관적인 표현으로 직구를 던져 보세요.

4장

심플한 말로
호감을 얻는
관계의 기술

말 잘하는 사람들은 주목받는 말을 합니다

자신감이 없으면 필요한 순간에 할 말을 하고 일침을 가하는 것도 어렵지만, 타인에게 다가가는 것도 어려워집니다. 기회가 생겨도 머뭇대는 마음 때문에 대화가 자연스럽게 흘러가지 않으니까요.

이번 장에서는 대화를, 나아가 타인과의 관계를 보다 편안하고 원활하게 만드는 기법을 소개하려 합니다. 이름하여 '눈치 대신 호감을 챙기는 말하기'죠. 자신감을 되살리고, 나를 당당히 표현하는 방법을 지금까지 차근차근 익혔다면, 이제 다른 사람들과 잘 어우러지는 더욱 성숙한 소통 스킬을 장착해 봅시다.

타인과 부드럽게 막힘없이 소통하고, 매력적인 화자로 거듭나는 노하우, 나아가 부정적인 얘기도 기분 나쁘지 않게 말하고, 할 말은 다 하면서도 호감을 잃지 않는 기술을 배워 보려 해요.

66

대화에서 감초 역할을 하는
아무 말 대잔치

99

시간 채우기

말하기에 부담을 느끼는 분들 대부분은 내면에 어떤 압박이 있습니다. '대답을 잘해야 하는데', '자연스럽게 말해야 하는데' 같은 부담감 말이죠. 정돈되고 완결된 문장을 뱉어야 한다는 압박이 있으니 오히려 입이 잘 떨어지지 않고 더욱 뚝딱거리면서 이상하게 말이 나가는 경우도 많습니다.

하지만 잘해야 한다는 압박, 완전한 문장을 구사해야 한다는 생각은 사실 허상입니다. 그럴 필요도 없거니와 실현하기도 어렵습니다. 말을 잘하는 것처럼 보이는 사람도 사실 그렇게 말을 완벽하게 하고 있진 않아요. 유명한 진행자들도 비슷합니다. 중요한 내용도 물론 말하겠지만, 그에 못지않게 시간을 채우는 문장, 할 말을 떠올리는 사이 뱉는 문장, 연결을 위한 가벼운 문장, 습관적인 부사어, 긴 어미 처리 등 중요하지 않은 부분도 아주 많습니다. 저 또한 라디오 DJ로 일할 때, 속으로 '아… 정말 아무 말 대잔치 하고 있네'라고 생각한 적도 많은데요. 하지만 정해진 시간을 채우려면 적절한 늘이기가 효과적일 때가 많습니다. 예를 들어 다음의 라디오 DJ 멘트가 어떻게 들리나요?

"네, 여러분은 지금 다희 씨의 우아한 라디오 함께하고 계십니다. 음… 지금 11시 27분이고요. 여러분과 함께하는 이 순간… 문자도 많이 도착하고 있고요. 늘 그렇듯이 오붓한 시간 가져 볼게요."

라디오 DJ의 좋은 음성과 세련된 억양으로 들으면 얼핏 유려한 말로 들릴 수 있습니다. 하지만 문장에 알맹이는 없죠. 라디오를 진행했던 당사자로서 말하자면, 위 멘트는 전형적인 시간 끌기용 아무 말 대잔치라고 보시면 됩니다. 최고의 국민

MC라 불리는 유재석 씨도 진행하실 때 상당히 긴 문장을 구사하는 걸 알 수 있어요. '여러 가지로', '~하도록 하겠습니다', '자, 그런데 지금 여기서' 등 내용 전달에 필수적이지 않은 여러 어절이 추가되어 있죠.

여유로움은 금세
이미지가 됩니다

그런데 왜 전문 진행자들의 말이 잘하는 것처럼 들릴까요? 그들은 태연하기 때문입니다. 여유롭게 시간을 말로 차곡차곡 채우기 때문이죠. 꼭 알맹이 있는 말이 들어가지 않더라도 말을 잘 나열하면 얼추 말 잘하는 이미지를 얻을 수 있습니다.

'아무렇지 않은 척 뭐라도 말하세요' 기법이라고 보셔도 무방한데요. 내가 말을 해야 하는 순간이면 뭐라도 뱉는 거예요. 크게 세 가지 유형으로 나눌 수 있습니다.

- 예고 문장
- 시간 벌기 문장
- 솔직한 고백

첫째, 예고 문장입니다.

앞으로 할 말을 예고하는 거죠. 예를 들어 면접에서 "앞으로의 포부가 무엇입니까?"라는 질문을 들었다고 할게요. 미처 준비하지 못한 질문이라 당황했지만 태연한 척 입을 뗍니다. 먼저 추임새 기법에서 배웠듯 "아, 앞으로의 포부요?"라고 잠시 운을 떼며 당황스러움을 다스린 후 "아마 제가 지금까지 한 대답 중에 가장 중요한 대답이 될 것 같은데요 (사실 무슨 말 할지 몰라서 아무거나 말하는 것) ", "어쩌면 추상적이라 느끼실 수도 있을 텐데요 (당장 뚜렷한 답을 못할 것 같기에 밑밥을 까는 것) " 처럼 내가 할 말을 예고하는 겁니다. 이는 적절히 시간을 버는 것과 동시에 자연스레 청중의 기대감도 높일 수 있는 유용한 기법입니다.

둘째, 시간을 버는 문장들이 있습니다.

"지금 여러 가지가 생각이 나는데, 그중 하나를 말씀드리자면요 (딱 꼬집어 말하기 힘들어서 시간 좀 벌게요) ", "인생의 모토라고 하면 다양한 것들이 딱 떠오르는데요 (정확히는 잘 모르겠는데요) " 등을 예로 들 수 있습니다. 하나 마나 한 내용도 말을 멈추거나 정적만 흐르는 것보다는 낫다는 겁니다. 영양가 없는 말도 또박또박 확신 있게 말하면 괜히 알맹이 있게 들리죠.

셋째, 솔직한 고백도 방법이 됩니다.

"지금 아무것도 생각이 나지 않아 사실 조금 당황스럽긴 한데요, 잠시 생각 좀 해 봐도 될까요?"라고 말하는 거죠. 강연 중에도 "아, 제가 지금 단어 하나가 안 떠오르는데요. 잠시만요"라고 솔직히 말하면 오히려 웃음 포인트가 되기도 합니다.

말의 길이와 속도를 조절하는 것도 도움이 됩니다. 예를 들어 방송에서 당첨자를 발표해야 하는데 작가가 당첨자가 누구인지 늦게 알려 주는 상황이면, 그 상황을 살피면서 "자아아, 오늘 상품을 받으시게 될 그 행운의 주인공은요오, 이야아… 저도 받고 싶은 상품이라… 참 부러운데요. 그럼 지그음… 바로 지이금… 발표하도록 하겠습니다." 하고 말을 늘이고 길게 만드는 거죠. 뒤에 할 말이 떠오르지 않을 때도 써먹으면 요긴한 비법입니다.

💬 **체크 포인트**
시간이 필요하다면, 가벼운 이야기들로 문장을 채워 보세요.

상대의 관심을 붙잡는 밀당 화법

밀고 당기기

언젠가부터 '연애에는 밀당이 필수다' 같은 말이 불문율로 통하고 있습니다. 밀고 당기기라는 뜻의 '밀당'. 그런데 연애뿐 아니라 말에도 밀당이 필요하다는 거 아시나요?

"선생님, 재밌게 말하려면 어떻게 해야 하나요?"라고 묻는 학생분들이 꽤 많습니다. 목소리나 남들 앞에 서는 발표처럼 본질적인 것도 고민이지만, 사적인 대화를 할 때도 보다 매력적인 사람이 되고 싶은 마음은 누구나 있는 자연스러운 것이죠. 내 이야기를 타인들이 지루해하는 것 같다는 콤플렉스가 있을 수도 있고요.

매력이 덜하고 지루하게 느껴지는 분들의 말에는 '일정하다'는 공통점이 있습니다. 힘이 없거나, 목소리가 어둡거나, 약간 졸린 듯한 느낌 등 개인적인 특성 때문이기도 하지만, 그 또한 결국에는 일정함으로 묶일 수 있습니다. 음높이, 속도, 톤, 표정이든 간에 무엇이든 너무 일정하면 듣는 사람은 쉽게 지루함을 느낄 수밖에 없죠.

일정히 움직이는 진자 운동을 상상해 보세요. 계속 반복되기만 하는데 대체 어디에서 재미를 느낄 수 있겠어요. 마찬가지로 말할 때 가뜩이나 감정 표현이 적은 스타일인데, 음높이의 변화가 없고 속도도 일정하고 톤도 건조하다면 자칫 대화가 수면제처럼 느껴질 수도 있습니다.

자, 그렇다면 대화에서는 어떻게 밀당을 할 수 있을까요?

- 우선 나와 청자 사이에 끈을 서로 맞잡고 있다고 가정해 보세요.
- 이제는 이 끈을 당겼다 밀었다 해 보는 겁니다.
- 먼저 에너지를 써서 이 가상의 끈을 당겨 청자의 관심을

확 붙잡아 보세요.

- 멍하니 듣고만 있던 청자가 나를 보고, 내 이야기를 듣게 끔 만드는 거죠.
- 당길 때는 에너지 수준을 높여 집중시키고, 밀 때는 나도 편하게, 상대도 편안하게 만들어 주는 겁니다.
- 당겼으면 밀어 주고, 밀었으면 또다시 당겨 줌으로써 단 조로움을 피하고 더욱 효과적으로 전달할 수 있죠.

이땐 강약, 완급, 톤 등 여러 가지를 조절할 수 있습니다. 볼 륨 5로 말하다가 갑자기 볼륨 8로 힘을 높여 말을 해도 되고, 천천히 여유롭게 말하다가 갑자기 속도를 빠르게 해서 말해도 됩니다. 음높이를 낮춰 묵직하게 운을 떼는 것도 청자를 집중 시킬 수 있죠.

하지만 이렇게 계속 힘주어 집중시키다 보면 청자 입장에서 또 피로도가 높아질 수 있습니다. 열 문장을 말하는데 열 문 장 전부 강조가 되면 오히려 포인트가 제대로 안 잡히겠죠. 그 래서 당긴 다음 이번에는 끈을 상대 쪽으로 밀어 주는 겁니다. 미는 건 위와 반대로 하면 되겠죠. 힘을 주며 중요한 걸 말하 다가 힘을 빼서 편안하게 말을 툭 뱉고요. 속도를 천천히 말하 고, 음높이도 평이하게 말하면 됩니다.

- "(힘5) 저를 마냥 지지해 준 사람들보다도 저에게 (힘8) 진실한 피드백을 주었던 분들이 큰 도움이 되었습니다."
- "(속도5) 그렇게 서울에 왔던 겁니다. (속도10) 자, 그런데 말입니다, 여러분!"
- "(평범한 음높이) 일반인들도 많이 만났지만요, (낮은음) 정치인들도 많이 만났습니다."

빈 부분에 채워 넣는
다양한 재미 요소

그런데 왜 전문 진행자들의 말이 잘하는 것처럼 들릴까요?

내가 할 말을 원고처럼 만들어 밀당 요소를 군데군데 넣는 것도 방법입니다. 밀당은 문장 내에서도 줄 수 있지만 문단 사이에서도 줄 수 있거든요. 본론까지는 평범한 음높이로 가다가, 마지막 결론 대목에서는 음높이를 낮춰 중후하게 말을 꺼내는 거죠. 혹은 본론에서 스토리텔링을 할 때 감정을 한껏 넣은 톤으로 말한다거나, 중간에 갑자기 속삭이거나, 빠르게 읊는 대목을 넣는다거나 하는 식으로요.

포인트는 결국 약간의 차이로 예측 불가능한 변주를 만들어 단조로움을 피하는 겁니다. 이를 단순히 속도나 강약 조절 같은 기술로만 생각하면 2% 부족한 표현이 됩니다. 스킬보다 중요한 건 '에너지'거든요. 힘을 줘서 당기고, 힘을 풀어서 이완시켜 주는 거죠. 나와 청중 사이 가상의 끈을 의식하며 청중이 마냥 마음을 놓을 수 없게, 간헐적으로 긴장하도록 만들어 보세요. 나에 대한 집중도가 달라질 겁니다. 집중되는 눈빛은 자신감을 올려 주고, 이는 말하기를 넘어 나라는 존재의 성장에도 도움이 됩니다.

 체크 포인트
힘, 속도, 음높이 등 다양한 요소를 활용해 보세요.

66

재밌게 말하고 싶다면
BCD를 기억하세요

99

스토리텔링 기법

미국의 저널리스트 밥 워커는 한 실험을 기획했습니다. 그는 미국 최대의 경매 사이트 '이베이'에서 크게 쓸모가 있어 보이진 않는 물건을 한화로 약 20만 원어치 정도 구입했어요. 각각 1,000~2,000원 정도 되는, 값지다고는 할 수 없는 잡동사니들이었죠. 그러고는 전문 작가들에게 맡겨 그 물건들에 '서사'를 부여했습니다. 물건과 관련된 이야기를 인위적으로 만든 거죠. 그리고 그 물건들을 다시 이베이에 올려 되팔았습니다.

결과는 어땠을까요? 물건값은 폭등했습니다. 처음에 사들인 값은 20만 원 정도밖에 되지 않았는데, 팔 때는 약 800만 원에 달했다고 해요. 무려 40배가 오른 거죠. 스토리텔링의 힘을 직접 보여 준 연구였습니다.

이처럼 이야기는 아주 큰 위력을 갖습니다. 인간을 호모 나랜스(Homo narrans, 이야기꾼 인간)라 부르는 이들도 있을 정도로 이야기는 인간과 떼려야 뗄 수 없는 존재죠. 이야기로 우리는 세상을 이해하고, 타인과 공감하고 함께하고, 타인의 마음을 움직여 왔습니다.

실제로 누군가의 스토리에 감동하거나 설득당해 본 경험 다들 있을 거예요. '검소하라'라는 뜬구름 잡는 말보다 검소한 자세를 몸소 실천한 구체적이고 감동적인 이야기가 훨씬 마음에 잘 와닿고, 오래 남는 것처럼요.

대화에 기름칠을 하는
재밌는 이야기

이야기 푸는 걸 어렵게 생각하는 분들이 생각보다 많습니다. 말하다 보면 혀가 꼬이고 설명할 게 너무 많아 말이 중구

난방이 되기 때문인데요. 예를 들어 방콕 여행이 어땠는지 물어보면 이런 식으로 뇌는 서죠.

"지난번에 방콕에 갔을 때 말야. 진짜 더웠는데… 생각보다 차도 많고 사람도 진짜 많더라고. 무슨 사원도 가고… 음식은… 팟타이도 먹고 푸팟퐁 커리도 먹고 그랬네. 아! 한번은 유명한 사원에 갔는데 스님들이 마침 예불드리는 시간이었나 봐. 옆에서 같이 절도 하고 되게 좋았어."

이런 식으로 인상, 사건, 기타 부가 정보 등이 혼재됩니다. 말에 체계가 없기 때문인데요. 체계가 없으면 주제가 명확해지지 않고 이것저것 이야기가 혼란스럽게 섞여 나올 수밖에 없고, 듣는 사람 입장에서는 들은 건 많은데, 뭔가 뚜렷이 머리에 남지는 않습니다. 이럴 때는 'BCD'를 기억하세요.

- B(background, 배경): 이야기의 시간적·공간적 배경을 말합니다.
  언제 어디서 일어난 일인지 밝힘으로써 전체적인 배경 그림을 그리는 거죠.

"제가 5년 전 여름 휴가 때 태국에 갔을 때, 방콕 말고 조금 색다른 곳으로 어딜 갈지 고민하다가 '치앙마이' 근처에 있는 '빠이'라는 작은 마을에 갔는데요."

"고등학교 2학년 때인가? 여름방학 때 다들 자습실에서 공부하고 있었는데, 이런 일이 있었다?"

- C(context, 맥락): 그 사건에 대한 맥락을 설명하는 것을 뜻합니다.

본격적인 이야기를 풀기 전, 청중이 알아 놓으면 좋을 정보나 이해에 꼭 필요한 사항을 부연하여 전달하는 거죠.

"참고로 빠이는 대중교통 수단이 잘 되어 있지 않아요. 여행 능력치가 높은 백팩커들이 많이 오는 곳이거든요. 그래서 택시나 툭툭이 잘 없고, 각자 오토바이를 빌려 여행을 다니는 그런 분위기였어요."

"그때 자습실이 지하에 있었어. 그래서 급식실이랑 같은 층에 있었단 말야."

- D(drama, 서사): 이야기를 잘 풀어내면 됩니다.

시간이 흘러간 대로 순차적으로 이야기를 풀면 잘 꼬이지 않아요. 문장은 짧은 단문 형태로 서술하되, 각 문장을 접속사를 잘 활용해서 이어 가면 흥미 유발에도 도움이 되고 말하기가 편해집니다. 감각어와 감정 표현을 충분히 써 주면 청중의 몰입에 도움이 됩니다.

"그래서 저도 난생처음 오토바이를 타게 되었는데요. 여기서 이야기가 시작됩니다. 시내 한 오토바이 렌탈샵에서 오토바이를 빌리고 간단하게 운전법을 익혔어요. 운전면허는 땄지만, 오토바이를 운전해 본 적은 사실 그전까진 없었거든요. 차도 운전하고 자전거도 잘 타니 오토바이도 잘 타겠거니 했죠. 그런데…."

"근데 그날따라 급식 준비하는 냄새가 너무 좋은 거야. 특식을 만드는 날이었던 것 같아. 아직 급식 먹으려면 시간이 남았는데 도저히 못 참겠는 거지. 마침 복도를 살짝 보니까, 자습 감독하는 선생님이 안 보이더라고. 그래서 자습실을 몰래 나간 거야… 학교 뒤에 분식집이 있었거든."

스토리텔링을 잘하기 위해서는 내 이야기가 영상화된 버전을 상상하는 것도 도움이 돼요. 영상으로 상상해 보면 흥미 유발 포인트도 더 떠오르 쉽기도 하고요. 〈생활의 달인〉에 수타

면의 달인이 나오는 화라면, 밋밋하게 바로 달인을 소개하진 않겠죠. 달인이 손 스트레칭을 한다거나, 악력 단련 운동을 하는 걸 보여 주면서 '어떤 사람일까?' 하는 궁금증을 유발할 겁니다.

미스테리한 사건을 소개하는 프로그램에서는 '평생 본 사람 중에 제일 특이한 사람이에요', '매일 밤 왜 그렇게 우는 건지 모르겠어요' 같은, 흥미를 유발하는 시민 인터뷰를 앞쪽에 배치하죠. 이런 식으로 나의 이야기를 더욱 재밌게 살리고 기대감을 증폭시킬 수 있는 포인트를 앞부분에 배치하면 청중의 관심도가 더욱 높아집니다.

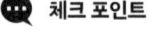 **체크 포인트**
'썰'을 풀 듯 이야기를 시작해 보세요.

66

관계의 균형을 맞추는
기브 앤 테이크

99

균형 조절하기

기브 앤 테이크는 주로 관계에서 무언가를 주고받을 때 쓰이는 단어입니다. 주고받기가 평등할 때 관계가 건강해질 수 있다고들 하죠. 저는 말하기도 마찬가지라고 생각해요. 자기 이야기만 하지 말고 남의 이야기를 들어 줘야 하듯, 어느 정도 들었으면 내 이야기를 할 줄도 알아야 합니다. 그래야 관계가 한쪽으로 기울어지지 않고 건강하게 유지됩니다. 하지만 기가 죽어 있는 사람의 경우 말하기보다는 듣는 비율이 자연스레 높아질 수밖에 없습니다. 자신감이 부족하기도 하고, 타인을 살피다 보니 발언권을 양보하는 경우가 많죠.

저도 듣는 입장에 있을 때가 많았습니다. 제 이야기를 나서서 하기보다는 듣는 역할을 자처했던 것 같아요. 주변 동료, 선배, 가족, 친구 등 누구 앞에서든 경청자로 기능하려고 노력했었어요. 그러다 보면 제가 할 말이 있어도 말이 길어지면 왠지 상대방의 시간을 빼앗는 것 같고, '굳이 말할 필요 없는 말을 하고 있나?' 하고 자신을 검열했던 것 같아요. 수다스러운 사람이라도 만나게 되면 아예 이야기를 꺼낼 틈도 없었죠.

내 이야기를 꺼내야겠다고 결심한 건 한 친구랑 통화할 때였어요. 이야기하고픈 화제가 있으면 말이 꼬리에 꼬리를 물며 나오는 친구여서, 도통 제 이야기를 하기가 쉽지 않았죠. 그날도 마냥 듣고 있는데, 문득 마음속에 뭔가가 꿈틀대더라고요. 발화되지 못했던 말들이 가득 차 틈을 비집고 나왔나 봅니다. 친구의 말에 적절하게 반응하는 것 대신 "나는 지금 댄스 학원 가는 길이야"라고 불쑥 말을 한 거죠. 그러자 이번엔 친구가 제게 이것저것 묻기 시작했습니다. 그때 느꼈죠. '아, 내 분량은 내가 챙기면 되는구나!' 하고요.

알고 보니 그 친구는 수다스러운 성격이기도 하지만, 정적이

감도는 분위기가 불편해 자신의 이야기를 이것저것 꺼내던 것이었어요. 상대방이 말을 듣는 게 편할 수도 있으니 굳이 나서서 화제를 상대방에게 돌리거나 하진 않았던 거고요.

사람마다 성향이 참 다르죠? 그래서 저는 본인이 말하다가 알아서 화제를 넘겨 주는 사람하고는 무난하게 탁구 치듯 핑퐁핑퐁 대화를 하고, 그렇지 않은 사람과 대화할 때는 제가 혹 나서서 화제를 돌리고, 또 꺼내고 합니다. 그렇지 않으면 점점 더 말을 잃게 되거든요. 먼저 물어봐 주는 사람은 생각보다 드물어서, 내가 나의 분량을 챙기지 않으면 밖으로 나오지 못하고 쌓인 많은 이야기가 마음속 한켠에 쌓여 녹슬게 되는 거죠. 그러다 보면 말을 하는 것보다 듣는 게 더 편해지고, 내 발화의 힘은 점점 약해집니다.

사소한 이야기는
놀라운 힘을 가지고 있어요

저는 어떤 말을 해야 할지 모르겠는데 분들께 TMI(too much information)를 추천합니다. '과한 정보'라는 뜻으로, 누군가 신변잡기에 대해 과하게 이야기하거나 사적인 이야기를

꺼낼 때 "야, 그건 TMI야" 하며 면박을 줄 때 사용되는 단어
죠. '왜 그런 사적인 이야기를 지금 굳이 말하냐'는 겁니다. 하
지만 시시콜콜한 이야기가 도리어 결코 시시하지 않은 위력을
발휘하곤 합니다. 내 이야기를 세상에 건네는 적극성, 바깥으
로 향하는 방향성을 만들어 주기 때문이죠. 남들 눈치를 보지
않고 할 말 하는 담대함도 길러 주고요.

저는 먼저 입을 떼는 데 서툴다 보니 시시콜콜한 이야기를
쉽게 꺼내지 못하는 편이었는데요. 정제되고, 무겁고, 비장한,
때로는 추상적이고 형이상학적인 이야기들은 오히려 잘 꺼낼
수 있었지만, 뭘 먹었고 요새 무슨 재미난 일이 있었고 뭐가
고민인지 미주알고주알 말하는 일에는 익숙지 않았죠. 집안
분위기도 딱히 시시콜콜한 이야기를 나누는 편이 아니기도 했
고요.
그랬던 제가 라디오 진행자가 되면서 변했는데요. 특히 밝
고 재밌는 톤의 아침 프로그램 진행자가 되면서부터는 제 이
야기를 많이 꺼낼 수밖에 없었거든요. 시시콜콜한 이야기를
그렇게 많이 한 건 난생처음이었습니다. 초기에는 이야깃거리
를 미리 생각해 놔야 했어요. 하지만 점차 익숙해지면서 제 이
야기를 환영해 주는 청취자분들께 이런저런 다양한 이야기를

늘어놓았는데요. 그런데 이야기를 한 보따리 풀어놓으니 무척 후련하더라고요. 2시간 정도 방송을 하고 나면 체력적으로는 힘들어도 어딘가 가벼워진 느낌도 들고요. 시시콜콜한 이야기의 힘이었습니다.

인생은 생각보다 사소하고 자질구레한 일상적인 것들로 가득 채워져 있기에, 이런 이야기를 물 흐르듯 풀어내는 것이 중요하다고 생각해요. 나를 이루는 가장 기본적인 이야기들을 '사소하다'고 밀어내거나 '남들이 궁금해하지 않을 거다'라며 속으로 묻지 말고, 나서서 먼저 꺼내 보도록 노력해 보세요. 먼저 움츠러들 필요는 없으니까요.

- '뭘 먹었다, 주말에 어디 갔다' 같은 가벼운 근황 정도면 충분합니다.
- 남의 말을 충분히 들었다면 틈을 노려 잽싸게 발언권을 가져오는 거예요.
- 망설이거나 조심스러워하면 실패할 확률이 높아집니다.
- 큰 목소리로 자연스러운 척 "어, 나는 말이야" 하며 바통을 가져가는 겁니다. 꼭 다른 이의 이야기와 유기적으로 이어지는 주제일 필요도 없습니다.

그냥 아무 이야기나 꺼내도 괜찮아요. 다른 사람들은 이미 다 그런 식으로 자신의 이야기보따리를 가볍게 풀고 있습니다. 여전히 저도 제 이야기를 먼저 꺼내는 게 조금 어색합니다. 우리, 더 말하며 삽시다. 내 분량 내가 챙기면서 '경청'을 주기만 하지 말고 받기도 하자고요!

💬 체크 포인트

출근한 후 주말에 있었던 이야기로 화두를 던져 보세요.

66

할 말 다 하면서
호감 놓치지 않기

99

호감 챙기기

라디오 프로그램 중 늘 상위권 방송에는 CBS 표준FM '김현정의 뉴스쇼'가 있습니다. 기존에도 전체 라디오 시사 프로그램 중 2, 3위권 안에 랭크되는 등 꾸준히 인기를 끌다가 2024년에는 자체 최고 청취율을 기록할 정도로 저력을 보였는데요. 그 원동력은 아무래도 2008년부터 프로그램을 진행해 온 김현정 PD의 존재라고 할 수 있겠습니다.

다른 시사 프로그램과 가장 차별되는 점은 바로 그의 진행

실력이라고 생각하는데요. 대체로 시사 프로그램 진행자라고 하면 어딘가 차가운 모습이 떠오르죠. 하지만 김현정 PD는 약간 다릅니다. 다정하고 친근한 느낌을 주죠. 그렇다고 마냥 물렁물렁하지도 않습니다. 시사 프로그램이다 보니 게스트로 나오는 정치인이나 사회 인사들에게 날카로운 질문을 던지고, 그들로서는 들으면 기분 나쁠 수 있는 말을 던지기도 하죠. 그런데도 기류가 얼어붙는 일이 거의 없이 소통이 잘 이루어집니다.

정치적 입장이 첨예하게 갈리는 한국 사회에서 김현정 PD는 진영을 떠나 정치인 패널들과 청취자들로부터 골고루 호감을 얻고 있는 게 느껴지는데요. 대체 그의 어떤 점이 그를 이렇게 훌륭한 '정치 프로 진행자'로 우뚝 서게 만든 걸까요?

약간의 양념으로
대화를 매끄럽게 진행해 보세요

- 환대: 늘 일관된 태도로 반기기
- 위트: 웃음과 유머로 조절하는 강약
- 감정: 같은 문장도 덜 공격적으로

첫째는 환대입니다.

심현성 PD는 그 어떤 사람이 손님으로 와도 늘 일관된 태도로 반깁니다. 게스트가 논란이 있는 인물일지언정 차별하지 않고, 늘 반가움을 듬뿍 담아 상대방을 환대하는데요. 특유의 쾌활한 목소리로 "안녕하세요!", "어서 오세요!"라고 인사를 건네면 듣는데도 기분이 좋아지죠. 어떤 생각을 가졌든 간에 일단 상대에 대한 존중을 기본으로 다가가면, 비호감 이미지를 얻기가 더 힘들 겁니다. 그는 한 인터뷰에서 이렇게 말하기도 했어요.

"뉴스 속의 인물들이 궁금하다. 그 인물은 무슨 생각을 하면서 이런 행동을 했을까? 인간에 대한 궁금증이 아직 살아 있기 때문에 (청취자들이 항상) 재미있게 진행한다고 느끼는 것 같다."

사람에 관한 관심이 환대하는 태도로 이어진 것 같은데요. 모두가 그처럼 인류애가 깊을 순 없겠지만, 누구를 대하든 '환대하는 태도'를 갖는다면 인간관계와 사회생활이 윤택해질 겁니다. 저도 진행 일을 하며 낯선 인터뷰이들을 많이 만났는데요. 처음에는 딱딱하게 굳어 있더라도, 밝게 웃으면서 인사를 건네면 대체로 많이들 편해지고 저에게 마음을 열더라고요.

그러니 설령 나와 의견이 다르고 내가 그에게 부정적인 입장
이라 하더라도, 사람에 대한 기본적인 환대를 잃지 않는 게 중
요합니다.

둘째는 위트입니다.

김현정 PD는 그 어떤 주제를 다루건 대체로 위트를 잃지 않
는 편인데요. 예를 들어 청취자와 통화가 연결되면 한마디라
도 웃음을 주기 위해 장난스러운 멘트를 던지기도 하고, 자신
을 낮추며 웃음을 자아내기도 하죠. 이런 위트는 사람 사이의
거리를 단번에 좁혀 주는 역할을 합니다. 무해한 유머와 웃음
은 그를 한층 친근하게 느끼게 하죠.

이런 위트는 그의 강약 조절 능력과 더해지며 더 빛을 발합
니다. 김현정 PD는 대화의 깊이나 톤을 조절하는 능력도 뛰
어난데요. 예를 들어 심각하고 진지한 대화가 꽤 이어졌다면,
다시 가볍고 편안한 말을 꺼냄으로써 긴장감이 너무 과해지지
않도록 조절하는 겁니다.

반대로 이야기가 무난하게 이어진다면, 심도 있는 질문을 훅
꺼내서 깊이감을 더하기도 하죠. 이렇게 강약 조절을 할 때도
위트는 아주 쓸모 있습니다. 정치인에게 정당의 발전 방향에
관해 물었다가 충분히 답이 나오면 웃음을 머금고 "아, 그러면

너무 바쁘지 않으시겠어요? 잠은 주무시는 거죠?" 같은 질문을 넌시는 식입니나.

농도 짙은 말을 할 때도 위트로 웃음을 섞으면 강도가 한층 중화되면서 더 부드럽게 전달될 수 있어요. 예를 들어 한 정치인이 꽤 인상적이고 대담한 발언을 할 때 "아니, 이렇게 말씀하셔도 되는 거예요?"라 받아치는데, 웃음을 섞어 농담조로 하니 비판이나 냉소나 비꼰다는 느낌 없이 은근히 직구를 던지는 데 성공할 수 있는 거죠.

셋째는 풍부한 감정선입니다.

개인적으로는 이 지점이 다른 시사 진행자와 그를 다르게 만드는 핵심이라고 생각하는데요. 시사 진행자면 건조한 어투를 쓸 것만 같지만, 김현정 PD는 상당히 감정을 많이 쓰는 편입니다. 오프닝을 읽는 짧은 시간에도 다양한 감정이 스쳐 지나가죠. 라디오 매체이기에 목소리만 들릴 뿐인데도 슬픔, 놀람, 기쁨, 반가움, 충격, 의아함 등 감정의 결이 굉장히 다양하게 드러납니다. 표정을 매우 잘 쓰고 있기에 가능한 일이죠.

이렇게 감정이 풍부하면 똑같은 말을 하더라도 덜 공격적으로 들릴 수 있습니다. 예를 들어 "이런 상황에 그런 전략이 통하겠습니까?"라는 말을 문장으로만 접하면 꽤 날카롭게 들리죠. 하지만 표정을 많이 쓰며 궁금해하고 의아해하는 감정을 쏟으면 '정말 궁금해서 묻는 거예요. 공격하는 거 아니에요' 같은 느낌을 줄 수 있죠.

풍부한 감정선은 인간미를 자아냅니다. 사람이라면 누구나 완벽하고 결함 없는 사람보다는 인간적인 사람에게 매력을 느끼게 마련이죠. 더욱이 감정 표현력이 뛰어난 사람은 굳이 말을 어렵게 하지 않습니다. 쉽고 간단한 말에 감정을 실어 훨씬 효과적으로 전달하죠. 김현정 PD도 현학적이거나 어려운 말을 잘 하지 않아요. 대신 감정을 실어 편하게 말하죠. 이런 인간미는 '나와 저 사람은 크게 다르지 않다'는 인상을 주고, 그 덕에 청취자들을 더 끌어당기는 게 아닌가 합니다.

💬 **체크 포인트**
환대하고, 위트를 잃지 않고 풍부하게 감정을 써 보세요. 적이 생기지 않을 거예요.

66

부정적인 말도
듣기 좋게 하는 법

99

강도 낮추기

"가는 말이 고와야 오는 말이 곱다"라고 하지만, 마냥 고운 말만 하기엔 어려울 때가 있죠. 쓴소리가 필요하기도 하고, 누군가의 의견을 꺾고 다른 의견을 제시해야 할 때도 있고, 동료에게 부정적인 피드백을 줘야 하는 상황도 왕왕 있습니다. 이럴 때는 비록 긍정적인 내용은 아닐지라도 최대한 덜 부정적인 뉘앙스로 내 뜻을 전달할 줄 알아야 합니다.

이 화법을 통해 더욱 부드럽게 내 의견을 전달할 수 있을 뿐 아니라 상대방을 기분 나쁘게 하거나 위축시키지 않음으로써 보다 건설적으로 소통이 이뤄질 수 있을 겁니다. 가장 쉬운 방법으로는 강도를 낮추는 방법이 있습니다. 직설적인 표현 대신 더 유한 단어를 사용하는 거죠.

- "이게 좀 별로고요." 대신 "~가 아쉽네요."
- '~듯하다', '~것 같다' 같은 어미를 사용하거나 '약간', '조금', '살짝', '덜' 같은 단어를 추가하는 것도 방법입니다.

'긍정 지향어'를 사용하는 것도 좋습니다. '안 좋다', '아니다', '틀렸다' 등 부정적인 단어 대신 긍정 단어를 사용하는 거예요. 수강생분들을 대할 때 특히 제가 신경 쓰는 부분인데요. 아무래도 배우러 온 분들이다 보니 미비한 점이 있게 마련이죠.

하지만 '목소리가 안 좋다', '그건 잘못했다', '그건 아니다' 같은 표현을 들으면 아무리 멘탈이 건강한 사람이라도 상처를 받을 수 있습니다. 저는 그래서 피드백을 드릴 때 늘 '~만 보완되면 더할 나위 없겠다'같이 긍정어를 쓰도록 노력했습니다. 그래선지 저의 수업을 들으며 자신감을 되찾았다는 분들이 많았어요.

- "억양이 잘못됐어요."
- → "억양 부분을 나듬으면 좋을 것 같아요."
- "말이 너무 빨라요."
- → "속도만 조금 신경 쓰시면 훨씬 나아질 것 같아요."
- "전체적으로 양식 통일이 안 돼 있어요."
- → "양식만 통일되면 완벽할 것 같아요."

비난이 아닌 비판은
사람을 성장시킵니다

구체적이고 건설적으로 말하는 것도 중요합니다. 물론 내가 잘못해서, 실수해서, 아직 부족해서 부정적인 피드백을 받을 수도 있지만, 그 전달 방식이 문제가 있을 때도 많습니다. 대체로 약자들은 더 구체적이고 명백하게 자신의 상황을 설명할 것을 요구받습니다. 그에 비해 강자들은 말을 대충합니다. 그럴 수 있는 권력이 있기 때문입니다.

그래서 우리를 상처 주는 말들에는 '대충' 뱉어진 문장이 많은 것 같아요. 구체적이지 않고 '아니다', '이상하다', '별로다' 이런 표현들이 많죠. 듣는 입장에서도 무엇이 진짜 문제인지 실질적으로 이해하기 힘듭니다. 우리는 부정적인 피드백을 구체적이고 건설적으로, 대안과 예시를 함께 제시하는 게 좋습니다. 비난이 아닌 비판이 되어야 하죠. 한 사람의 자존감을 꺾어서 굳이 좋을 게 뭐가 있겠어요?

- "원고 내용이 좀 이상해요."
→ "핵심 주제부터 확실하게 잡는 건 어떨까요?"
- "이런 식으로 하시면 안 돼요."
→ "이거는 이렇게 말고 ~하게 하셔야 하는 부분이에요."
- "느낌이 좀 별론데…."
→ "아쉬운 게 있는데 저도 명확하지 않아서, 조금만 더 고민해 볼게요."

억양도 중요합니다. '둥근 억양'이 필요한데요. 둥근 억양이란, 군인들의 말투처럼 딱 끊어지는 절도 있는 양식이 아니라, 마치 승무원의 말투처럼 음절과 음절이 둥글게 이어지고, 끝처리도 둥근 억양을 말합니다. 이렇게 말하면 훨씬 더 다정하게 전달될 수 있답니다.

제가 성우로서 내레이션 작업을 할 때 참 힘들었던 점은 주관적인 감상의 영역이라 피드백이 잘 와닿지 않는 경우였어요. 감독이나 클라이언트 측도 '느낌'만 있지, 잘 표현할 깜냥은 없는 경우엔 무작정 '좀 늘어진다', '이딴기 이쉬운데'같이 흐릿한 피드백만 저에게 건네는 거죠. 지적받은 상황인데, 어떻게 고쳐야 할지 전혀 감이 오지 않아 막막했죠. 그래서 저는 누군가에게 피드백할 때 특히 제 말에 더욱 신경 씁니다.

- 구체적으로 이해가 가게 말할 것.
- 상처가 되지 않게 말할 것.
- 건설적인 방향으로 이끌 것.

물론 쉽지 않지만, 배려의 자세가 아닐까 합니다. 내가 조심스럽게 건넨 말이 누군가의 하루를 빛내 줄 수도 있잖아요.

 체크 포인트
이왕이면 긍정적인 표현을 사용해 보세요. '별로다' 대신 '아쉬운 부분을 보완해 보죠'처럼요.

66

대화가 150% 잘 풀리는
토크 방법

99

가이딩 화법

한 방송국에서 디지털 PD로 일할 때, 우리나라 사람들이 가장 흔히 사용하는 SNS 이모티콘 제작자 중 최고령(당시 81세)인 작가님을 인터뷰할 일이 있었어요. 아날로그 시대에 만화 창작을 시작해 디지털 방식에 완전히 적응하신 작가님께 궁금한 게 너무 많아서 이런저런 질문을 던졌죠.

"세상이 너무 빨리 변하니까 야속하다고 느끼진 않으세요?"

"뭐가 야속해요, 신기하지. 야속한 게 아니라 재밌죠, 배울 거 많아서. '서런 일노 있네', '서런 나 또 배워 봐아 해' 생각해요."

정말 멋진 분이죠? 영상이 유튜브에 올라갔는데, 댓글에서도 이 부분에 대한 언급이 꽤 있더라고요. '야속하지 않고 재미있다고 한 부분이 인상적이다' 같은 반응들이요. 물론 작가님이 멋진 분이셔서 좋은 결과가 나왔지만, 저는 제가 던진 질문도 꽤 큰 역할을 했다고 생각했어요. 저는 대화에 자신감이 없고, 대화를 더 잘 끌어내고 싶은 분들에게 '가이딩 화법'을 추천하고 싶어요. 좋은 인터뷰어는 '더 좋은 것을 끌어내는 사람'이거든요.

라디오에서 진행자로 6년 동안 일하면서 정말 많은 인터뷰를 했어요. 무작정 청취자에게 전화를 걸어 5분짜리 인터뷰를 만들고, 생방송 전화 연결도 하고, 게스트가 나올 때마다 많은 질문을 하고, 라디오 리포팅을 위해 경상남도 곳곳을 돌아다니기도 했죠. 저는 다양한 곳에서 다양한 사람과 대화하며 가이딩 화법의 힘을 느꼈습니다.

가이딩 화법이란 답변을 잘 유도하는 기술인데요. 마치 문을 대신 열어 주듯 답변의 길을 안내해 주는 거죠.

좋은 인터뷰어는
숨겨진 원석을 발굴할 줄 알아요

- 질문을 던질 때 답변의 방향성을 구체적으로 제시합니다.
- 예상 답변을 미리 몇 가지 일러 주는 식이죠.

예를 들어 생방송 전화 연결을 할 때 "명절 앞두니까 어떠세요?"라고 질문하고 잠시 시간을 둔 다음, "좀 설레는 게 있으세요, 아니면 생각만 해도 좀 피곤하세요?" 이런 식으로 답이 나아갈 방향을 안내하는 거죠. 질문을 받은 입장에서 가이드라인을 들으면, 막막하던 눈앞이 환해집니다. 안내받은 말에 의지해서 더 편하게 대답을 할 수 있죠.

일상에서 대화할 때도 마찬가지입니다. 그간의 내 경험을 떠올리며 공감 능력을 발휘해 보세요. '상대방이 이런 상황에 이럴 것이다' 싶은 부분이 있다면, 질문과 함께 대답 가능한 답변을 함께 언급하는 거죠. "요즘 회사는 좀 어때? 계속 그저 그래, 아니면 더 힘들어?"처럼요. 상대방은 확실히 더 편하게 대답할 수 있습니다.

둘째는 '150% 질문 기법'입니다. 감정이나 생각을 평소보다 짙게 녹여 냄으로써 좀 더 확실하고 인상적인 답을 끌어내는 겁니다. 밍숭맹숭하게 질문하면 밍숭맹숭하게 돌아오기 쉬우니까요.

- 더욱 뚜렷한 감정어, 좀 더 높은 강도의 표현을 써 보세요.
- 대답을 가이딩하면 더 멋진 답을 얻을 수 있을뿐더러 '와, 저 사람은 내 마음을 잘 알아준다'고 느끼기도 합니다.

예를 들자면 누군가가 피곤할 상황일 때 '아이고… 힘드시겠어요' 정도도 좋지만, 때로는 '그러면 너무 힘들고 짜증 나지 않아요?'라며 내가 더 앞서 나가는 감정을 쓰는 겁니다. 그러면 상대방은 '아… 그렇긴 해요. 솔직히 진짜 힘들어요'라며 보다 솔직한 감정을 보여 줄 수 있죠. 아니라면 또 아닌 대로 '아, 내가 그 정도로 피곤한 건 아니네?' 하며 자신의 마음을 알 수 있고요.

또 다른 예를 들어 보겠습니다. 만약 국내 굴지의 기업가를 인터뷰한다고 할게요. 포멀하고 정돈된 답변을 듣던 중 이렇게 질문하는 겁니다.

'그런데 솔직히 그냥 다 때려치우고 싶을 때는 없으셨어요?'

일부러 약간 거친 표현을 쓰는 거죠. 그러면 정돈되고 격식 있게 말하던 인터뷰이도 '음… 솔직히… 그럴 때도 있긴 하죠?' 이런 식으로 더욱 인간미 있는 모습을 보이게 됩니다.

우리나라 최고의 명MC 중 한 명인 신동엽 씨도 이런 가이딩 화법을 잘 쓰는 진행자입니다. 감정을 보다 크게 써서 상대방으로부터 의미 있는 답변을 받아 내는데요. "아니, 그런데 이렇게 하면… 너무 '아, 내가 과했다' 이런 생각은 안 드세요?" 처럼 상대방에게 답변의 과녁을 제시하고, 과장된 표현으로 웃음을 유발하죠.

💬 **체크 포인트**

대화를 유연하게 하는 사람은 대답까지 고려합니다. 질문과 함께 방향을 제시해 보세요.

66

수용하는 태도는
언제나 괜찮아요

99

동조 화법

연애 프로그램들을 보면 그 안에서 일차적으로 호감을 얻는 이들의 특징이 있습니다. 바로 "음~ 맞아, 맞아", "아~ 그렇구나" 하는 수용적인 태도가 몸에 밴 분들인데요. 상대방의 말에 동조하며 나아가 "나도 그래~", "어, 그거 뭔지 알아" 이런 식으로 비슷한 점을 잘 어필하기도 하죠. 이렇게 수용적이고 동조하는 태도는 상대방의 호감을 사는 데 유리합니다.

그 이유로 심리학 개념 '유사성의 원리'를 들 수 있습니다. 흔히 본인과 다른 사람에게 끌린다고 생각하지만, 심리학 실험 결과들을 보면 사람들은 자신과 유사한 사람에게 끌린다고 합니다.

꼭 연애나 성적인 차원에서뿐만 아니라 의사 결정을 하고, 사람을 만나고, 하다못해 물건을 살 때도 이 유사성의 원리가 작용한다고 합니다. 타지에서 동향 사람을 만나면 괜히 반갑고 더 친근하게 느껴지는 것처럼 말이죠. 그래서 동조는 동질감을 준다는 점에서 호감을 얻는 데 탁월한 위력을 발휘합니다. 이번 글에서는 이른바 '동조 화법'은 어떻게 하면 되는 건지, 어떤 효과가 있는지 다뤄 보겠습니다.

우선은 마음을 열고
이야기를 들어 주세요

- 먼저 받아들이는 수용적 태도를 생각하세요.
- 일단은 열린 마음으로 들어 주는 겁니다.

첫 번째는, 설령 내 생각과 배치되더라도 상대방은 나와 다른 생각을 가질 자유가 있기에 일단 수용하고 존중합니다.

생각은 다른 것이지 틀린 것이 아니니까요. 비언어적 요소
노 중요합니다.

- 눈썹을 살짝 올린다는 느낌으로 표정을 열고 고개를 끄
  덕이면서 부드럽게 "음~", "어~"와 같은 소리를 내 보는
  겁니다.
- 인상을 찌푸리거나 무감정한 눈빛을 보내는 것과는 다릅
  니다.

일방적으로 수용하기만 한다면 '이 사람이 진심인가?' 싶을
수 있으므로 자신의 의견을 적절히 표현할 줄은 알아야 합니
다. 하지만 일단은 수용하는 태도가 중요해요. 선 수용 후 이
견인 거죠. "음… 그랬구나~" 끄덕이면서 듣고 난 후에 "그런데
나는 그건 좀 아쉽던데"라고 말하는 식이죠.

동조 화법에 필요한 두 번째는 '재진술'입니다.
재진술은 상담 기법의 하나로, 말 그대로 상대방이 말한 내
용을 내 입으로 다시 말하는 겁니다. 내가 신나서 어떤 주제에
관해 이야기하는데, 상대방이 그 주제를 정확히 입에 올리면
'내 말을 정말 귀 기울여 듣는구나', '나에게 관심이 있구나'라고

느낄 수밖에 없죠. 재진술 기법은 세 가지로 나눌 수 있어요.

- 반복: "다음 달에 퇴사한다고?"
- 환언: "그러니까 번아웃이 왔다는 거구나."
- 요약: "엄마랑 크게 다퉜구나…."

반복은 말 그대로 같은 말을 반복하는 것, 환언은 상대방이 한 말을 내 언어로 바꾸어 말하는 것, 요약은 상대방의 말을 요약하는 겁입니다. 상황과 사람에 맞게 적절히 섞어 쓸 수 있겠죠.

마지막으로 '비슷한 점 어필하기'입니다.

작은 접점도 생각보다 든든한 다리 역할을 할 수 있어요. 상대방의 이야기를 들으면서 내 머릿속에 마인드맵을 띄워 보세요. 상대방이 꺼낸 화제와 연결되는 지점들을 생각해 보는 거예요. 이야기하다 보면 어느새 거리가 더 가까워집니다.

💬 **체크 포인트**

수용하고, 적극적으로 경청하고, 비슷한 점을 어필해 보세요.

66

다친 마음을 치유하는
작은 공감 한마디

99

공감하기

저는 꽤 힘든 20대를 보냈습니다. 내향형이고 감수성이 예민한 저는 불안, 우울과 함께한 시간이 아주 길었어요. 하루하루 괴로운 시기였지만, 힘들었던 만큼 위로의 힘을 크게 느끼기도 했는데요. 한번은 다정한 친구가 저에게 이렇게 말해 주더라고요.

"다희는 눈썹달 상태구나."

'눈썹달'은 2004년에 발매된 가수 이소라의 6집 앨범 제목입니다. 동명의 곡도 수록되어 있고, 불세출의 명곡 〈바람이 분다〉가 바로 이 앨범 수록곡이죠. 이 앨범에는 슬프고 우울한 곡들이 가득해요. 외롭고, 춥고, 혼자인 것 같은 감각들이 앨범 곳곳에 스며들어 있죠. 덕분에 힘든 시절을 보낼 수 있던 원동력이 되어 주기도 했는데요. 이 마음이 뭔지 아는 친구가 우울함을 토로하는 저에게 이렇게 말해 준 겁니다. 백 마디 말보다 이 말이 저에겐 큰 위로가 되었어요. 외로움과 우울함에 부서질 것 같은 마음을 다 알아주는 것 같았거든요.

이처럼 짧은 말 한마디가 어떨 때는 엄청난 힘을 발휘하기도 합니다. 우리는 평소 공감이라는 단어를 참 자주 듣죠. '공감이 중요하다', '공감 좀 해 줘라', '공감 능력이 뛰어나다' 등 공감이 중요하다는 걸 모르는 사람은 없을 겁니다. 하지만 구체적으로 어떻게 공감을 하는 건지 묘연하게 느껴질 때도 있는데요. 영국의 간호학자 테레사 와이즈먼은 공감의 속성을 네 가지로 정의했습니다.

- 첫째, 타인의 관점으로 세상을 본다.
- 둘째, 비판하지 않는 태도를 갖는다.

- 셋째, 타인의 감정을 이해한다.
- 넷째, 타인의 감정을 이해한다는 사실을 표현한다.

영어 표현 중에 'in one's shoes'라는 말이 있어요. '누군가의 신발을 신은 듯이' 정도로 해석할 수 있는데요. 역지사지를 뜻하죠. 남의 신발을 신고 서는 것처럼 상대방의 입장을 생각하는 겁니다. 공감의 출발인 건데요. 내가 그 사람이 되었다 상상해 보세요. 그러고는 상대방의 상황이나 행동, 감정을 비판하지 않는, 판단적이지 않은 태도로 수용하는 거예요.

기본 베이스를 깔았다면, 보다 적극적으로 인지와 언어 능력을 사용해야 합니다. 상대방의 상황이라면 어떤 감정일지, 그 감정을 좀 더 디테일하게 상상하고 이를 적절히 언어화하는 건데요. 저는 '내가 저 상황이라면 어떨까?' 하고 고민을 해 보거나, 상대가 겪은 경험과 유사한 경험을 최대한 떠올리려 노력합니다. 그러면 어느 정도 감정의 결을 파악할 수 있더라고요. 잘 모르겠을 때는 직접 묻는 것도 도움이 됩니다. 약간의 가이드를 제시하며 "그래서 지금 마음이 어때? 좀 슬퍼?"같이 부드럽게요.

이렇게 상대 감정의 실마리를 얻었다면, 언어화가 필요한데요. 저는 개인적으로 네 번째 스텝이 정말 중요하다고 생각해요. 말로 표현하지 않으면 사실 우린 공감받는지 아닌지 정확히 알 수 없죠. 물론 때로는 눈빛이나 표정으로도 많은 게 전해지지만, 언어 표현이 없으면 그 효과에 한계가 있습니다. 그렇다면 어떻게 언어화를 할 수 있을까요? 상담 심리학에서 아주 기본적인 상담의 기술을 배운 적 있었는데요. 바로 재진술과 '반영'이에요. 재진술은 앞서 언급한 적 있으니 반영에 대해 알아보겠습니다.

공감은
상대 입장을 생각하는 것부터

반영은 상대방이 어떤 감정일지를 추측해 청자가 본인의 언어로 말하는 것을 뜻합니다. 우울하고 힘들다고 말한 저에게 친구가 "다희는 눈썹달 상태구나"라고 한 것처럼, 자신의 언어가 아닌 다른 언어로 자신의 상태를 알 수 있게 하는 거죠.

감정을 예단하고 맞힌다는 데에 의미가 있는 게 아니라, 감정을 보다 풍부하게 이해할 수 있게 하는 것이 중요합니다. 우리는 자신의 감정을 잘 모를 때가 많은데, 다른 표현을 접함으로써 더 폭넓게 이해할 수 있게 되죠. 그리고 반영을 해 준 사람과 강렬한 감정을 함께 공유한다는 느낌을 받는 순간 큰 치유의 효과가 일어납니다.

공감은 참 쉽고도 어렵게 느껴집니다. 하지만 어렵게 느껴질 때는 '상대방의 입장에 서기'와 '언어화'를 기억해 주세요. 재진술과 반영하기만 적절하게 사용해도 일상의 치유사가 될 수 있습니다. 인본주의 심리학자 칼 로저스는 이렇게 말했습니다.

"내 말을 진심으로 귀 기울여 주는 사람 한 사람만 있어도 우리는 세상을 완전히 새롭게 바라보고 다시 앞으로 나아갈 힘을 얻을 수 있다."

나의 작은 마음 하나가 누군가에겐 세상을 향해 문을 여는 힘이 될 수 있다는 걸 기억해 주세요.

💬 **체크 포인트**
'어떤 생각일까?'하고 상대를 이해하려 노력해 보세요.

66

주변의 아름다움을 찾아
표현해 보세요

99

감탄 화법

'원영적 사고'가 유행이었죠. 우리나라 인기 아이돌 그룹 '아이브' 멤버 장원영 씨의 긍정 마인드를 이르는 말인데요. 예를 들어 유명 빵집에 가서 빵을 사려는데 하필 자기 앞에서 다 팔려 원하던 빵이 다시 나오기까지 기다려야 하는 상황이면, '조금 기다렸다가 갓 나온 빵을 살 수 있으니 얼마나 행운이야!'라는 식으로 상황을 받아들이는 것이죠. 참 건강하고 긍정적인 태도라고 할 수 있습니다.

그러니까 부정적인 것도 긍정적으로 받아들이는 태도인데, 이는 마냥 쉬운 일이 아닙니다. 힘든 일이 계속되고 낙담스러운 일이 반복되다 보면 내 안의 낙관성을 꺼내기가 쉽지 않으니까요. '긍정적으로 생각해라'는 언사가 오히려 폭력적으로 다가갈 수도 있죠.

하지만 원영적 사고까지는 아니더라도 조금 더 세상을 긍정적으로 보기 위한 노력은 필요합니다. 사소한 습관이 세상을 보는 나의 렌즈를 바꾸는 법이거든요. 그리고 이를 위해 저는 언어 습관 재정비를 추천해 드려요.

저는 아나운서 이금희 씨의 긍정 화법을 주목하고 싶습니다. 원영적 사고는 사실 평범한 사람이 접근하기엔 다소 어려울 수 있어요. 하지만 이금희 씨의 긍정 화법은 충분히 일상에서 적용해 볼 만합니다.

이금희 씨는 OTT 플랫폼 '왓챠' 시리즈 〈조인 마이 테이블〉에서 사제지간이자 우리나라 현대 문학을 이끄는 작가 중 한 사람인 박상영 작가와 여행을 다니는데요. 우리나라 지역 곳곳에 자리 잡은 이주민들의 삶과 음식을 따라간다는 기획 의도답게 제주, 김해, 평택 등 곳곳을 누비며 여러 사람을 만나고 이야기를 듣죠. 저는 이 프로그램의 캐스팅이 탁월했다고 봅

니다. 이금희 아나운서의 잘 들어 주는 능력과 분위기를 부드
럽게 만들어 주는 역량이 충분히 발휘되었는데요. 나아가 저
는 그의 '감탄 능력'이 정말 인상적이었습니다.

그는 식사하거나, 무언가 아름다운 걸 보면 절대 놓치지 않
습니다. 특유의 따뜻한 눈빛으로 웃음을 머금은 채 감탄하는
반응을 보이죠. 감탄하는 그 마음은 홀로 있는 공간에서 그치
는 게 아니라 타인을 아우릅니다. 이금희 아나운서의 화법은
주로 상대방을 껴안아요. "정말 좋지, 그렇지 않아?", "너무 예
쁘다, 그렇지!"같이 동조를 유도하는 문장을 많이 구사하죠.
긍정적인 에너지를 주변을 향해 활짝 펼치는 거예요.

- 좋은 것을 포착해 보세요.
- 그냥 평범한 상황에도, 심지어 힘든 상황에도 좋은 구석
  은 하나쯤 있습니다.

날씨가 맑게 갰다거나, 오늘 구내식당 메뉴가 좋다거나, 출
근길에 귀여운 삼색 고양이를 봤다거나, 좋아하는 영화가 개
봉했다거나 하는 것처럼요. 딱 10초만 떠올려 보세요. 방으로
스며 들어오는 햇살, 동네 어린이의 웃음소리처럼 아주 자그
마한 것들도 괜찮으니까요.

그저 그런 말로 들릴 수도 있겠지만, 중요한 건 결단하는 마음이에요. '나에게 좋은 것들을 선사하겠다, 내가 나를 아끼겠다'는 선언을 스스로 해야 아름다운 것들이 눈에 들어옵니다.

긍정적인 사람을
흉내 내도 좋습니다

MBC 〈나 혼자 산다〉를 보면 코드 쿤스트 씨가 참 긍정적인 시선을 가지고 있더라고요. 비가 와서 도시락을 야외에서 먹지 못하고 차 안에서 먹어야 하는데도 오히려 이색적이라며 좋아하고, 상대방이 작은 실수를 해도 오히려 이런 게 추억이 된다고 다독입니다.

- 평소 긍정적이고 건강한 시선을 가진 이를 보며 특정 상황에 어떻게 반응하는지 한번 살펴보세요.
- 감내할 상황에서 '그 사람이라면 어떻게 반응할까?' 떠올려 보는 것도 좋습니다.
- 감탄스러운 장면을 표현하는 연습을 해 보세요.
- 사소하고 작은 것부터 시작하면 됩니다.

"이렇게 산책 나오니까 너무 좋지 않아?" 하고 동조를 구할 수도 있고, "오늘 비 오는데 그래도 운치 있지 않아?" 하고 반전 구성을 하는 것도 방법이죠. 긍정 표현을 어렵고 어색하게 느끼는 분들이 많지만, 견뎌야 변화가 생기는 법입니다. 안 하던 사람이 이런 감탄 화법을 쓰면 주변에서 '영혼이 안 느껴진다'라며 놀리거나 어색하게 여길 수도 있겠죠. 그렇지만 이 또한 경력이 쌓이다 보면 서서히 능숙해집니다.

작은 감탄도 좋아요. 식사할 때 "이건 짜고, 저건 싱겁네" 같은 이야기 대신, "피곤한데 이렇게 식사할 수 있어서 참 든든하다"라고 할 수 있고, 설령 맛이 조금 마음에 들지 않더라도 "집에서 먹는 것처럼 편하다", "식감이 좋네" 같은 조그만 감탄 문장들을 사용할 수 있습니다. 먼저 표현하는 것이 어딘가 부끄럽고 어색하다면 상대방이 먼저 감탄하면 동조하는 식으로 소극적으로라도 꼭 감탄을 표현해 보세요.

저도 지금은 표현이 많은 편이지만, 불과 몇 년 전만 해도 적극적인 표현을 어색해했어요. 점잖은 반응 위주였죠. 하지만 라디오 DJ로서 어느 정도 텐션을 높이며 호들갑을 떨다 보니, 점점 표현이 늘었어요. 지금은 제가 생각해도 긍정적인 말을 많이 하는 것 같아요. 이런 변화가 가장 반가운 지점은 긍정에 전염성이 있다는 거예요. 제가 감탄을 시작하면 다른 이들도 함께 감탄해 줍니다. 그렇게 함께 좋은 이야기도 호들갑을 떨면 행복이 커지는 것 같아요. 결국 일상에서 실천하는 것이 가장 좋은 방법입니다.

 체크 포인트

사소한 것에도 감탄하고, 입 밖으로 내뱉는 연습을 해 보세요. '오늘 날씨가 되게 좋다!' 하고요.

☺ 태연하게 여유로움을 연기해 보세요.
시간을 버는 것도 말하기의 기술입니다.

☺ 밀고 당기는 건 대화에서도 효과적입니다.
지루하지 않고 재밌는 대화를 위해 강약을 조절해 보세요.

☺ 같은 이야기도 스토리가 생기면 재밌어집니다.
배경, 맥락, 서사를 붙여 보세요.

☺ TMI를 두려워하지 마세요.
시시콜콜한 이야기로 많은 것들이 시작됩니다.

☺ 환대, 위트, 감정을 잊지 마세요.
해야 할 말을 모두 하면서 호감도 챙길 수 있습니다.

☺ 같은 말도 강도를 낮추는 연습이 필요합니다.
팩트 폭행을 마냥 좋아할 사람은 없습니다.

☺ 상대가 답하기 쉽게 방향을 제시해 주세요.
편한 대답은 편한 대화를 만듭니다.

☺ 우선 이야기를 들어 주고, 의견 표현은 조금 미뤄 보세요.
　공통점을 찾다 보면, 어느새 거리가 좁혀집니다.

☺ 역지사지는 항상 필요합니다.
　상대 감정의 실마리를 얻고, 이를 언어화하세요.

☺ 긍정 표현도 계속하다 보면 습관이 됩니다.
　사소한 것에도 감탄하는 연습을 해 보세요.

마음속에 숨어 있는
용기 찾기

저는 유튜브를 4년째 운영 중인데요. 댓글을 편하게 확인하게 된 지 얼마 되지 않았습니다. 꾸준히 영상을 올리면서도 한편으로는 남 일처럼 거리를 두고 있었죠. 인스타그램 피드에 뭐라도 하나 올리는 게 영 부담스러운 그 마음을 아실까요?

책 내내 당당함과 자신감에 대해 말씀드렸지만, 사실 저는 이런 사람입니다. 사람들을 좋아하면서도 막상 마음을 주고받는 것이 어려워 혼자 있는 것을 자처하고, 호의를 받는 것에도 서툴렀습니다. 말하는 걸 좋아하면서도 막상 시시콜콜한 수다를 나누는 것도 아주 어색해했고요. 왜, 버스 타고 가다가 내려야 하는데 하차 벨을 못 눌렀을 때 있잖아요. 그럴 때 소리 높여 "기사님! 내릴게요!" 하는 것도 20대 중후반까지 엄두 노 못 냈습니다. 주변을 계속 의식하고 관계에서 존재 어려움 을 많이 느끼는 편이었어요.

그런 제가 '수다왕'이 되어야만 하는 라디오 DJ가 되고, 많은 학생과 밀접히 교류하는 강사가 되고, 불특정 다수와 소통하 는 진행자가 되면서, 그리고 그 길에 소중한 인연들을 만나면 서 꽤 달라졌습니다. 사람들이 싫은 게 아니라 무서웠던 거고, 의욕이 없는 게 아니라 불안이 커서 움직이질 못했던 거라는 걸 깨달았습니다. 제 내면의 지형을 좀 더 파악하게 되었달까 요. 어떤 지점에서 어떤 굴곡이 있는지 말이에요.

변화하는 과정에서 '말하기'와 '목소리'가 정말 주요했습니 다. 구겨진 마음을 탄탄한 목소리로 펴내고, 그 덕에 다시 마 음의 살이 차올라 목소리에 좀 더 확신이 들어차게 되었죠. 이 런 선순환 덕분에 전보다 편안한 사람이 될 수 있었어요. 몇 년 만에 저를 보는 사람들도 많이 바뀌었다고들 합니다.

"다희가 넉살이 좋아졌네."

"그전보다 많이 밝아 보인다."

"편해 보여."

이런 이야기를 종종 듣죠. 부담 없이 다가가 소통하고, 의견을 분명히 전달하고, 경계를 지키며 저를 보호할 수 있게 되면서 요즘은 '삶이 평안하구나', '사는 게 즐겁구나'라고 느끼는 순간들이 많습니다.

제게 큰 도움이 된 것들을 이 책에 꼼꼼히 실었습니다. 과거에 저에게 하고 싶은 말들이자, 현재에 저도 다시금 다짐하고 싶은 부분들을요. 어쩌면 조금은 개인적인 내용일 수도 있어요. 하지만 저의 내밀함에서 이야기가 시작된 만큼, 제 진심이 여러분의 깊은 곳과 공명하리라 믿습니다. 다른 많은 수강생분과 그랬던 것처럼 말이에요.

자신과도 세상과도 불화하고 있는 것 같은 당신에게, 스스로가 벅차고 사람이 두려운 당신에게 위로와 용기가 되었으면 좋겠습니다. 보다 자유롭고 당당하게 살고 싶은 당신에게 든든한 안내자가 되었으면 좋겠습니다. 우리 마음엔 이미 용기가 있습니다. 아직 드러나지 않았을 뿐이죠. 이 책과 함께 숨어 있던 자신의 용기를 얻기를 기원합니다. 눈치 안 보고 말하는 자유로운 당신이 되기를 소망합니다.

2024년 장마의 끝물에, 최다희 드림.